夏旺斯、朱乃肖、徐喧在暨南大学知识产权学院前合影

经济学系的翻译团队朱乃肖、周泳宏、陈立中、李媛媛、杨亚平、李红叶、陈雯雯、蒋俐俐、温勉，完成法国经济学家夏旺斯教授专著《制度经济学》的翻译工作后合影

译者的话

贝尔纳·夏旺斯（Bernard Chavence）教授是欧洲著名的经济学家，法国科学委员会委员，法国社会科学高等研究学院 GERME 研究团队主席，法国工业化模式研究中心委员，法国巴黎第七大学经济学教授，曾任经济学系主任。从 20 世纪 50 年代起，他就开始研究制度经济学，尤其在东西方经济制度比较研究、东欧国家经济制度转轨、前社会主义国家从计划经济向市场经济变迁的特点等方面进行了深入研究，他的著作与论文（法文）已经先后被翻译成英文、日文、俄文、伊朗文和中文等多种语言。

在 2006 年暨南大学 100 周年校庆时，恰逢夏旺斯教授来我校进行学术交流，他的著作《东方的经济改革：从 1950 年到 1990 年》（中文版）作为法国巴黎第七大学赠送给暨南大学校庆的礼物，表达了暨南大学与法国巴黎第七大学在学术交流上的友好往来。2011 年时值暨南大学 105 周年校庆之际，夏旺斯教授把他的专著《制度经济学》英文版送给我们，希望我们向中国读者奉献中文版，同时也作为他送给暨南大学校庆的又一个礼物。

改革开放以来，随着我国经济制度由计划经济向市场经济转型，制度变革的重要性得到中国政府和学术界的广泛关注，借助 20 世纪后二十年制度经济学在世界范围内的复兴，新制度经济学中关于产权、企业、治理等理论思想在中国得到广泛传播，这些理论为我国的经济制度变革实践提供了许多有益的理论参考和依据。

同时，国内引进了不少介绍西方制度经济学的专著和译著，但是许多著作和译著的重心都放在对新制度经济学中以科斯为核心的一批经济学家的理论阐述和介绍上，缺乏从对旧制度经济学的发源到新制度经济学的演进的系列介绍，更缺少对各个主要制度经济学流派的研究成果与分歧的详细介绍与梳理。

本书的最大特点不仅体现在详细介绍了自20世纪初期以来制度经济学的发展，还特别汇集了该领域各主要流派有影响力的作者的研究成果。与此同时，本书更进一步向读者展现了整个制度经济学理论体系发展演进的全貌，介绍了制度经济学研究的最新进展，进一步体现出各个层次不同研究主题的重要性，例如，惯例的重要性、正式规则和非正式规则的作用、组织和制度的关系、制度的层级性和互补性以及制度变迁的特征等。由于作者长期生活在欧洲，在本书的第五章和第六章还专门介绍了制度经济学在当代欧洲的最新发展。特别要指出的是，作者从自己的研究出发，提出了制度经济学发展的统一性和多样性的特点及其对欧洲制度经济学的影响，这些观点具有较强的新颖性和前瞻性，是其他同类书籍所未能涉及的。

本书的现实意义在于，作为对古典主义和新古典主义的批判或拓展，从制度经济学的视角对市场、均衡、最优化等概念提出了质疑、进行了修正，从而使得经济研究的结论更加贴近具体的微观行为，而这一方法并不会随着任何一个国家宏观经济背景的改变而改变，这也正是新制度经济学的生命力所在。目前，国内学者对制度经济学的研究已经由思辨性的争论拓展到实证性的分析领域，例如，对各种制度的工具变量的构造及效果的检验等。只有全面了解制度在文化、规则、习惯、本能、契约和法律等领域的作用机制，实证分析才可以将制度经济学的研究提升至新的发展平台，从而在经济研究的技术性、人文性和社会性之间充当良好的桥梁。既然如此，就需要我们对包括旧制度经济学和新制度经济学在内的整个制度分析领域的发展、共识与分歧等内容进行全面的分析、归纳与提炼，这正是我们翻译工作的出发点。因此，本书将为中国经济改革中的实证分析提供更多的工具，也为中国的经济学研究者，高等学校大学生和研究生以及对制度经济学感兴趣的读者们提供更系统、更全面、更丰富的精神食粮。

2012 年于暨南大学

前　言

本书介绍了自20世纪初期以来制度经济学的发展状况，汇集了制度经济学各个主要流派有影响力的作者的研究成果。

制度经济学研究的经济思想与经济学的理论紧密相关，因此，关于它的研究拓展了新古典主义主流经济学的范畴。其研究内容主要是制度的性质、起源、演化及其对经济绩效的影响。这是一个重要的理论体系，起初具有很大的经济影响力，但是在20世纪中叶曾经失去过重要地位，又最终得到复兴，并且影响着过去20年来的经济历程。本书介绍了制度经济学研究的最新进展，通过展示不同学者和流派的研究成果，进一步说明各个研究主题的重要性，例如惯例的重要性、正式规则和非正式规则的作用、组织和制度的关系、制度的层级性和互补性以及制度变迁的特征等。

尽管目前已有大量关于制度经济学的研究论著，但一直以来却缺少对这个学科进行系统和全面的介绍。本书填补了这一空白，它适合从事经济学前沿研究的学者以及经济学专业高年级学生阅读。

贝尔纳·夏旺斯是法国巴黎第七大学教授。他已经出版了一些关于比较经济制度分析的著作，特别是有关社会主义制度及后社会主义转轨的研究。他的著作《东方的经济改革：从1950年到1990年》（纳唐出版社，1992年）已被翻译成英语（美）、俄语、日语和中文等多种语言。

目　录

第一章

制度经济学学派

制度经济学被认为是一个相对独立的理论学派，他们认同制度在经济学研究中的重要作用，甚至认为制度是经济学研究中值得思考的基本问题。因此，该学派的观点与诸如政治学、社会学以及历史学等理论观点截然不同，这些学科认为经济学不需要考虑制度因素的相关理论，制度分析应归类于其他学科。

在几乎整个19世纪，英国古典学派占据主导地位，尽管它对经济制度中的所有权研究非常感兴趣，认为它是界定阶级结构或者决定政府法律范围的依据，但是，与第一次将制度分析引入经济学的传统古典学派相比，二者并不相容。德国历史学派和美国制度主义的思想，在19世纪末和20世纪前三十年有着相当大的国际影响，尤其是在美国，制度主义对学术界和罗斯福新政都具有强烈的吸引力。然而，从源头上看，奥地利学派在与历史学派的长期辩论中拓展了制度分析维度。

从20世纪40年代开始，起源于美国的新古典运动取得了无可争议的国际霸主地位。然而，事实上新古典主义摈弃了制度主义分析方法。在新古典主义看来，经济学的中心议题是市场，各种分析集中于理性行为、最优化和利己个体之间的均衡，并十分关注效率问题。制度分析和经济发展过程中的历史分析下降到最低程度，甚至被完全忽略。尽管对制度问题的关注仍继续出现在诸多分支学科中，如劳动经济学、产业组织、大企业分析以及发展经济学，但是毫不夸张地说，20 世纪下半叶经济学主流学派几乎完全有意识地忽略了制度分析。

在 20 世纪最后二十年，不同经济学派之间复杂的关系逐渐发生了变化（霍奇逊，1994）。一个充满生命力的，具有新古典传统特点的“新制度经济学”学派在美国诞生。该学派与早期的主流学派不同，它十分强调制度的重要性，例如，它强调产权制度、市场的治理模式和企业等级制度等。与此同时，最初的制度经济学派（旧制度经济学派）也得以复兴。该学派同样发源于美国，但主要在欧洲发展壮大。另外，一些创新性思潮如演化经济学，也显示出与这一传统学派间的紧密联系。最终，伴随着 20 世纪末新自由主义的复兴，奥地利学派的复苏重新开启了制度经济学中另一个被长期遗忘的分支。显然，始于 20 世纪 80 年代资本主义国家发生的大规模制度变迁、经济萧条、部分社会主义国家经济转型，以及发展中国家经济发展差异，都与制度经济学的演化息息相关。面对这些社会现状，均衡分析和传统的不变假定分析都显得无能为力，客观上需要引入制度分析。此外，伴随着新古典学派的衰落和制度分析方法的复兴，新古典学派在努力拓展其在方法和概念上对制度问题的研究，并体现在诸如公共选择理论、产权理论、法学经济学、制度经济学、契约理论、委托代理等理论的研究中。

21 世纪初期，对于制度在经济分析中的作用，各种经济学流派在理论和方法论上都出现了一些不同的变化。一种颇具广泛性的新的共识再度达成，即制度具有重要作用。二三十年前，如果一位经济学家宣称自己是制度主义者将会受到嘲笑，而如今制度主义却相当流行。当然，它的理论、方法、概念的不同仍旧十分重要，通常是不能简化的，但是我们也注意到在不同流派间，比如在正统和各种非正统学说之间的边界被重新划分。一般而言，考虑到我们生活的时代里经济学说所面临的各种问题，在制度经济学流派中各种研究思想的涌现是一个鼓舞人心的信号（夏旺斯，2001）。

本书对制度经济学的主要分支进行了介绍，以便读者对制度经济学这个大家族中的主要作者和流派的经济理论有更好的阅读和深入的了解。显然，本书的介绍并非十全十美，建议读者依据本书的参考书目进行补充阅读。本书按照先后顺序介绍了具有重要影响的作者和思想流派。

第二章介绍了制度主义的起源、施切莫勒（Schmoller）历史学派，以及凡勃伦（Veblen）、汉密尔顿（Hamilton）、康芒斯（Commons）和波兰尼（Polanyi）的美国制度经济学。第三章介绍了门格尔（Menger）和哈耶克（Hayek）的奥地利学派，以及欧根（Eucken）的“秩序自由主义”。第四章通过介绍威廉姆森（Williamson）和诺斯（North）的著作，以及青木昌彦（Aoki）和格雷夫（Greif）的博弈理论，来介绍美国的新制度经济学。第五章介绍了一些当代欧洲思潮，包括规制理论、惯例经济学和霍奇逊（Hodgson）的演化制度主义。第六章讨论了在制度经济学流派研究领域里存在的共识与分歧。

第二章

早期的制度主义

第一节　施切莫勒（Schmoller）和德国历史学派

古斯塔夫·冯·施切莫勒（Gustav Von Schmoller，1838—1917）是“德国新历史学派”的领军人物，其思想是当代制度主义思潮中重要的却常被忽视的思想渊源。他是“国家经济”（Volkswirtschaft）道路的推动者，也是开明君主（即普鲁士国王）发动的社会改革的捍卫者，同时又是曼彻斯特学派自由主义和社会主义的反对者。在思想经济史中，人们主要记得他与门格尔（Menger）在方法论问题上进行的争论，而他的经济思想却经常遭到讽刺或被遗忘。

一、制度与组织

在他的“*Grundriss der allgemeinen Volkswirthschaftslehre*”（《政治经济学原理》，1900—1904）中，施切莫勒认为，对不同国家不同时

期的政治经济学的比较研究，必须集中到一定自然和技术条件下的“制度与组织”的研究上来。“对于社会有机体而言，对组织和制度的研究，就是研究这个机体的结构是什么。”“旧”政治经济学仅仅关注价格和流通，这就像是“生理学研究仅仅关注有机体的液体循环，而不解剖社会机体一样”。

对于政治、法律或经济属性，我们通过制度强调的是在共同体生命期内的特定时间里，在其服务目标下的一种制度安排。这个安排实现了它自身的存在和发展，并为上百或上千年延续的世代的成功行为形成一个框架或模式。

（施切莫勒，1900：156）

例如，制度包括财产、奴隶制度、农奴制度、婚姻、市场、资金和工业自由（施切莫勒，1990：149）。因此，制度代表了“一系列道德准则、习俗和法律的习惯和规则，它们相互之间保持一致，具有共同的中心或目标，并形成一个系统”（施切莫勒，1900：150）。组织（或有机组合）的概念与制度的概念直接联系在一起。

我们通过已有的组织（Organbildung）来形容制度的个体层面：婚姻是制度，而家庭是组织。社会组织是人员和商品协会为了达成某个目标而采用的稳定形式：氏族、家庭、社团、法人、协会、社区、企业、国家，这都是社会生活中的基本组织。

（施切莫勒，1900：150）

历史上最早的组织是诸如部落、宗族、家庭之类的共同体。在早期，随着这些共同体的分化和分离，这一概念涵盖了所有促使其他社会组织诞生的组织，例如，乡级、镇级、国家级的组织，它们服务于公众利益和追求利润的企业。文化的发展伴随着各种组织的拓展，“与此同时，最常见的是出现了自发性组织，这是为干预人的意志而产生的组织”①（施切莫勒，1900：150）。

> 社会越复杂，一个人成为各式各样社会组织成员的可能性就越大。他永久地或在某一段时间内属于某个组织，有时候与他所有的利益相关，而有时候只和他的一部分利益相关。
>
> （施切莫勒，1900：151）

在组织内部，支配与依附关系，或者友爱关系得以建立。但是在大型组织里，存在着高于个体的权威力量，这种权威力量不会因为人员的更替而变动，这使得组织具有了稳固的持续性。施切莫勒指出，从方法论的角度来看，“当一个人考察（社会的）整体、秩序和基本方向时，对社会组织的关注并不亚于对个体的关注”（施切莫勒，1900：132）。

二、制度、自由与进步

与研究社会和经济的学科一样，各种研究国家和法律的科学也往往高估或低估了制度和组织形式的作用。与独立思想家霍布斯

① 同时，门格尔也区分了自发形成的制度（有组织的形式）和有意设立的制度（务实的形式）（见下文）。

（Hobbes）、腓特烈大帝（Frederick the Great）一样，重商主义和财政学派赋予制度、国家和法律以优先地位。革命推翻了这一做法，自由主义学说反对个人以及个人在国家和国家制度上的自由。但是，这种个人自由主义混淆了对过时制度的摈弃和不需要永久制度这两个方面。尽管契约常常代替制度这是事实，但延续以前的制度，人们仍然看到了“大量新的组织形式和制度的诞生”（施切莫勒，1900：155），施切莫勒指出这应该是受到欢迎的趋势。至于社会主义，起初它给予自愿性制度和组织形式以夸大的价值，而后在乌托邦的思潮下拒绝现存的国家及其制度，以符合社会主义民主学说。

在施切莫勒看来，在理想的社会状态中，制度是促进因素而不是阻碍因素。

> 通过恰当的互惠条款，固定制度和相互作用的个体之间相互补充……制度不会毫无道理地阻碍自由的进步，而且，恰恰相反，会使之向理想的方向发展。
>
> （施切莫勒，1900：155）

最后，他为制度提供了一个相当正面的视角：“它们是客观存在的方法的具体化，它们是体现几百年智慧的格言，这些智慧被认为是合理及公正地处理实际关系的最好办法”（施切莫勒，1900：155）。

历史上，经济的进步来自于商品的极大丰富，尽管这是事实，但这“只有依靠更好的制度和日益复杂的组织形式才会发生”（施切莫勒，1900：156）。伟大的进步时代就是那些制度改革和新组织得以创造的时代，例如，最近出现的各种类型的公司、工人协会、股份制企业、卡特尔、监管工厂法规的保险机构等，都是最有力的说明。

三、习俗与法律

在施切莫勒看来，道德、习俗和法律之间存在着重要的联系。习俗产生于习惯和实践，然后借助于道德情操转换为惯例。每个惯例都可由风俗历史解释：

> 这是一个复杂的结果，各种不同的思想和原因综合在一起发挥作用。道德判断与道德情操、物质需求与目的、旧的定式、宗教幻想、错误的思想、关于各种原因和对个人及社会有用的事物的正确理解，它们均发挥着作用。
>
> （施切莫勒，1900：123）

当我们开始讨论美国制度主义时，我们需要选择一个类似的论题，来讨论制度的这种矛盾性。

习俗和道德施加的规则对经济生活很重要。一个人在理解这一问题时，若仅仅关注技术、物质和数量层面，他将“无法准确地看到，是什么给予了经济生活色彩和它独特的一面”（施切莫勒，1900：123）。法律（审判）不同于习俗（道德）的地方在于，它通过详细阐述和合理化的若干条款来赋予惩罚的权力。但习俗的范畴往往超出了正式的法律，尽管它没有后者那些可识别的执行实体。在人类活动的大多数领域，法律和习俗共处：婚姻、家庭生活、商业关系、经济组织、社会和政治生活“拥有它们习惯性的实践方法和法律”（施切莫勒，1900：123）。习俗的强制性建立在公众舆论的基础上，而法律建立在国家力量上，道德则建立在个人良知上。

一般而言，道德比习俗或法律更灵活。“由于法律和习俗的严格性，随着时间的推进，道德得以适应的空间常常消失掉”（施切莫勒，1900：129）。

于是，以施切莫勒为代表的“德国新历史学派”阐述了20世纪早期的几个主要议题，之后的美国制度主义对它们进行了发展。在这些思想中，除了力图整合历史方法和理论方法以外，还有制度和组织之间的关系，自发形成的和设计的制度之间的差异，习俗和正式法律之间的关系，以及制度使得知识和无知均得以明确的思想。

第二节 凡勃伦（Veblen）的“进化制度主义”

托尔斯坦·凡勃伦（Thorstein Veblen，1857—1929）是“制度进化”的经济研究领域的主要人物之一。他是一位卓越的人物，留给我们许多独创且具有重大影响的作品，需要我们认真阅读，以下是凡勃伦的主要著作：

凡勃伦的主要著作

《有闲阶级论：关于制度变迁的经济研究》，1899.

《企业论》，1904.

《工艺本能和工艺状况》，1914.

《帝国主义德国和工业革命》，1915.

《美国的高等教育：商人治理下的大学行为备忘录》，1918.

《科学在现代文明中的地位》，1919.

《既得利益与大众》，1919.

《工程师和价格制度》，1921.

《所有权缺失与近代商业企业：美国案例》，1923.

一、“非达尔文”理论的谬误

凡勃伦对已有经济理论的批判主要在于认为它们是“前达尔文主义”的。在凡勃伦看来，达尔文主义并不仅仅是一个生物进化论，更重要的，它是“进化学”的一般模式，它影响了19世纪末以前的许多学科，但不包括经济学。

凡勃伦是“新古典”这一术语的发明者，用“新古典”来说明“现代的古典概念”，尤其是指马歇尔的那些概念。这些对于他来说有争议的内容，之后却被“新古典”学者所采用。这一术语强调古典学派和19世纪末（以及20世纪）发展起来的理论之间的连续性，尽管凡勃伦并没有忽略它们在“经济科学”时代所发生的改变和修正[①]（凡勃伦，1899—1900）。他不但批判了英国古典经济学家们在目的上的偏见、对路径的假设和功利主义，而且批判他们混淆了规范分析和实证分析。古典主义传统主要还是“分类学”式的，它还停留在为各种类别进行区分的阶段，没有一点“遗传”或进化的成分。至于新古典主义学者们，尽管他们也大致参考了进化论思想，但他们关于经济均衡法则的思考也仅限于静态的方法，这使得他们无法用“累积因果序列”方法来思考问题，而这在凡勃伦看来，正是后达尔文主义关于进化科学的基础。他们的研究受到经济条件的限制，无法认识到制度变迁给人类活动带来的累积改变和多样化（凡勃伦，1898：77）。制度主义的这些观点虽然可以理解为“理所当然的、可以被否定的或可以被进一步辩解的”（凡勃伦，1909：233），但是结果是将制度主义从“经济科学”中排除出去。

凡勃伦对边际主义学派（他称之为苦乐主义）功利主义的批判也相当著名。在这样的方法下，人被认为是，

> 快乐和痛苦像来回摇摆不定的快速计算器，人们渴望幸福，在某种刺激物的刺激下在快乐与痛苦中左右摆动却又让人触及不到。既无前因也无后果。它反映了一个孤立、固定的人类数据，保持着稳定的均衡，除非存在来自不同方向的冲击力量将它取代。
>
> （凡勃伦，1898：73）

① 注意，凯恩斯使用“古典”这一术语来涵盖古典学派和我们所习惯称之为“新古典”的作者们，与凡勃伦类似，他强调了这两个传统学派之间的连续性。相反，马克思主义和新凯恩斯主义均强调要打破古典学派和新古典主义思想之间的界限。

人们的生活往往不是一个主动的过程，而是被外来的力量所驱使的过程。

奥地利学派和英国经济学家的根本性错误在于他们假设了一个“被动的、惰性十足和一成不变的人的本性”（凡勃伦，1898：73）。即使在当今社会，“经济人”的人性假设，以功利性和理性为主要特征，但仍需要进一步解释在选择性适应的条件下，在什么样的进化过程中这种人性才会存在。

最后，凡勃伦对他那个时代所存在的理论进行批判，勾画并预测了20世纪大量的对主流经济学思想的非主流批判，这些批判集中表现在以下几个方面：假设规范经济活动中隐含一些因素；用物理和机械的模型来表述以均衡为核心的概念，用一般变化来代替科学进化论的发展；对人性的特征假定是由外力影响造成的，一成不变的，这些假定将人简化为理性的计算器，除了个人效用以外没有其他的激励机制。而最根本的是，忽略了制度在经济生活过程中的重要作用。

二、马克思主义与历史学派的局限性

尽管深受马克思主义思想的影响，凡勃伦仍以形成了少有的对马克思主义的批判模式而闻名，作为阶级斗争理论的一部分，他部分地保持了理论主义者和功利主义者关于阶级斗争的立场，认为不同阶级根据他们的利益采取各自合理的方式进行斗争（凡勃伦，1896—7：441）。但是，在达尔文主义的方法中，工人阶级的利益并不必然导致与资本家的对抗。相反，工人“服从于雇主的训练”（即受思维习惯的影响）将促使他们接受已建立起来的这个系统的公平性和优越性，而这个系统则是在屈服和分配不均的条件上建立起来的。此外，凡勃伦反对将个人视为独立的社会存在，并且在社会法律中担当中介作用的观点。最后他强调新黑格尔主义承认马克思主义历史观的普遍性和资本主义特殊性，他称之为浪漫的和前达尔文主义的观点。

凡勃伦还批判了德国历史学派的描述方法，认为他们只是列举了数据，为工业发展提供叙述性的报告，而没有提出一个真正的经济理论（凡勃伦，1898：58）。具有讽刺意味的是，这种批判后来成为驳斥制度主义学派自身的主旋律。然而，对于凡勃伦而言，他更适合于“旧历史学派”，而施切莫勒的研究则以肯定的方式更接近于达尔文进化制度主义理论，它表现出“遗传”而不再是黑格尔的特征。大家认为，施切莫勒的局限性在于他没有充分的区分理论反思与对社会改革的关注（凡勃伦，1901a）[①]。尽管如此，施切莫勒和新历史学派对凡勃伦的思想和美国制度主义有着重大的影响。

三、经济学科学演化实例分析

凡勃伦明确地概括了美国制度主义学派的重要特征之一，即赋予制度的核心作用，并且重点关注经济变迁中进化过程之间的联系。尽管他借用美国实用主义哲学（詹姆斯，杜威[②]）的概念“惯性思维”来定义制度，但正是从达尔文主义一般理论和方法的角度，使得他采用了非目的论的“进化论”，这无疑是受到了斯宾塞（Spencer）

① 凡勃伦的著作中有一个矛盾之处，很多地方隐含了对规范性认识的态度。与康芒斯不同，事实上他忽略了对改革派的关注。

② 即 James，Dewey。译者注。

的影响。

于是，凡勃伦（1898）特别关注19世纪末的现实，此时经济学尚未成为在“累积因果”上展开的进化科学，或者说，一个既无起源也无终结的理论[①]。而另一方面，在传统概念中，（自然）法则、均衡和扰动因素最终形成了一个关于事物之间一般关系的“经济分类体系”（凡勃伦，1898：67）。

一个进化经济理论必须要有经济活动作为它的主题。诚然，个人生活表现为“在某种目标下展开的行为”，换句话说，一个人按一定的目标行动，但目标并不是一成不变的。个人经济行为“是适应达到结果的路径的累积过程，它随着过程的推进而改变。在任何时刻，当事人和他所处的环境均是最后过程的结果”（凡勃伦，1898：75）。这个朝着预定目标的“合理趋势”的可能存在性，或者说古典和新古典经济科学中的规范目的路径，是与进化思想相悖的，因为后者是“用过程自身来表述的经济制度的累积序列理论”（凡勃伦，1898：77）。有人可能会说，在这种过程中，制度变迁是长期经济活动的内生过程。

根据凡勃伦的阐述，现代科学用“遗传法”研究“发展的动力及其顺序问题，并通过回答‘如何和为什么出现’来理解它的发展结果”。这一方法的目的是将社会现象重组为因果关系下的理论结构[②]。

---

① “累积因果”是经济学家们在制度主义的影响下采用及发展起来的概念，例如，阿林·杨格（Allyn Young），卡尔多（Kaldor）和缪尔达尔（Myrdal），包括那些正向反馈和收益递增的思想（霍奇逊，2004）。

② “Review of Pure Sociology”（1903），摘自霍奇逊（Hodgson），2004：152.

四、制度的本质与起源

社会普遍性和经济特殊性是制度主义演化理论的两个类别。因此，凡勃伦试图创建的进化经济科学是以制度为中心的，而制度是社会共同体内普遍形成的惯性思维和行为[①]。其基本特征是对于社会进化具有一定的相对惯性；它们产生于过去并被继承下来；“制度是过去的产物，它适应于过去的环境，因而无法完全地适应当前的要求”（凡勃伦，1899：126）。然而，制度自身又来源于生活习惯。

> 但惯性思维是生活习惯的产物；无论日常生活的规律是否直接受到个人教育的影响，制度都会改变和强化对人们生活的影响。
>
> （凡勃伦，1901b：121）

五、本能与习惯

制度或惯性思维的形成是不同层面的，而又是在同时发生着的进化过程中错综复杂的相互作用的结果。其中，最深的层次是“本能”或遗传性，这是人类在长期的生物界和社会历史中选择的结果[②]。根据凡勃伦的阐述，这些本能可分为两个方面：一方面，为了社会的利益而相互依存的有利的习性；另一方面，与利益集团背道而驰的有害或有问题的习性，当然，它们是相互联系的。第一个方

---

① 这是凡勃伦在其著作中经常给出的定义。制度的概念被广泛应用于各种现象，例如，私有产权、有闲阶级、一夫一妻制家庭、金融机构等，它们暗示这些现象产生于过去历史背景下建立起来的思维习惯。

② 凡勃伦受到威廉·詹姆斯（William James）和威廉·麦独孤（William McDougall）所创立的本能和习惯理论的影响。

面的本能包括工作本能、父母本能、随意的好奇心；第二个方面的本能包括掠夺、攀比和自私自利。但是这两组本能相互影响或“感染”，从而对历史环境作出反应。

在第一层面，工作本能和掠夺本能之间存在尖锐的对抗性；第二个层面的进化是习惯，这些思维和行为方式形成于特殊的历史和物质环境，具有显著的技术特征；习惯体现并改变本能倾向从而构成制度基础，这可被视为第三层次的进化。因此，

> 人类生活中的习惯元素持续不断地累积和改变，结果形成了制度的持续发展和繁衍。制度结构形成并持续变化，这些变化对文化产生影响，并对人们生活规律的改变作出反应，但人类的本性始终保持不变。
>
> （凡勃伦，1914：12）

六、凡勃伦的“二分法”与“二元论”

在凡勃伦的论述中，他经常使用“二分法”这个术语去描述他所发现的技术和制度之间的对比互动。前者来自于工作本能和随意的好奇心，始终保持着动态变化，而后者则相对具有惰性，抗拒改变。这一概念令人联想到马克思关于生产力和生产关系的辩证关系，但有几点明显的区别：根据马克思的理论，历史是在生产力和生产关系之间不断地达成一致和发生冲突的，它是一个对抗的动态系统发展的结果；生产力的范畴比技术更为广泛（还包括自然条件、工人技能、生产组织等）。尽管生产关系这一概念与制度有一定的相似性，但它显然仍只限于生产领域。后来一些美国制度主义学家，例

如艾尔斯（Ayres），加深了对凡勃伦“二分法”的阐述，同时提高了这一概念的通用性，并强调技术行为和“礼仪”行为之间的对立性。

在凡勃伦的理论中，有众多的关于二元对立式的论述，但在本能的冲突中能找到它们最主要的理论基础。正如我们所知，这属于对立的两个分类之一，即工作本能和与之相对立的掠夺本能。这两个基本的习性在不同的制度和历史背景下呈现出稳定而丰富多样的特征，作者将其总结为一系列的进化阶段①。在“原始”时期，工作本能较为普遍，因为在初级技术水平条件下，这是寻求生存空间所必需的生产工作。当技术的发展使得剩余产品出现，开启了“野蛮”阶段，掠夺本能成为主导。下一个阶段是“准和平”的手工业时期，其主要特征是手工业者之间的自由竞争，该阶段表现出掠夺倾向的下降和作业本能的复苏。最后，在“机器时代”，即现代资本主义，掠夺本能再次超过工作本能而占上风。然而，根据凡勃伦的观点，制度进化具有非目的性，而发展的结果也不存在自然法则和一般规律，因此我们无法预测下一阶段本能冲突的发展趋势（凡勃伦，1899—1914）。

各种“二元论”相互作用，最终导致典型资本主义工业和商业之间的对立。凡勃伦将后者形容为建立在大机器工业的系统上，它受到以追求利润为目标的商业规则的驱动。于是，工业因素和商业因素之间的对立形成了：前者通过管理实践对物质生产管理服务，后者以它们最后的交换价值作为目的。当人类的掠夺本能再次出现

① 渐进进化是德国历史学派的特征之一，但也可在马克思和亚当·斯密的著作中找到其出处。19世纪盛行的历史主义进化论往往倾向于决定论和目的论。

时，以工作本能为主导的工业发展会因此受到阻碍。

根据这两个不同的经济活动目的，资本主义制度的“构建经济结构”可以分为两个部分：获取商业利益的部分和生产的部分。即“商业和工业制度”以及“服务于个人经济利益或非个人经济利益”的制度。前者针对“商业”，后者针对“工业”（凡勃伦，1899：136—137）。

然而，在机器生产中，机器操作者（特别是工人和工程师们）在实践中产生的惯例做法和纪律会与传统的自然法则对立，激发社会主义思潮，并且对作为旧制度的私有权提出质疑（凡勃伦，1904—1921）。

七、制度变迁

因此，凡勃伦证实了技术和本能及习惯之间存在的相互作用，技术在本质上是动态发展的，而本能和习惯则是缓慢变化的，它们反映了制度的进化和选择。他的理论不同于19世纪单一的线性进化论，他不但强调制度的惰性和对旧制度特征的传承，而且还强调具有获得更进步的技术对社会促进的可能性，由此可以跨越进化的若干阶段[①]。他的理论的不同之处主要在于拒绝任何形式的目的论。

经济生活的需求不断变化，显然这是适应于技术改变和“规律”的影响。在社会习俗的互动和相辅相成下，思维习惯和行为结构拓展到社会生活各个领域，并纳入法律体系以获得明确的时限和传承。这样的制度代表了“习惯的自然产物”以及“文化的发展是积累起来的习惯的序列，而它所采用的方法和手段，则是人性对于各种不

① 请查阅他关于帝国主义德国的著作和关于日本的文章。

同紧急情况的适应性反应的持续和积累”（凡勃伦，1909：241）[①]。

制度的滞后性意味着“历史比人更能及时、明确地记录制度在生活和文化方面的成功影响，而人在极度不稳定的制度环境中被其本能所驱使着生活，因而无法做到这一点”（凡勃伦，1914：16）。凡勃伦解释制度的视角是受到怀疑及批判的，但同时，他也强调了制度在经济和社会中的重要作用。

八、累积的因果关系

累积的因果关系是凡勃伦进化制度主义的核心概念。首先，它意味着一个连续的变化路径，表现为时间上的不可逆转性和连续转换的累积特征。20 世纪末由进化经济学家所发展的概念“制度轨迹”或“路径依赖”，可以认为是凡勃伦主义对制度主义理论的拓展或重现。凡勃伦方法中关于自我加强的观点和收益递增的补充说明，显然与某种“递归因果关系”相一致。其与线性的和确定的因果关系不同，递归因果关系存在由结果向原因的反向影响作用。

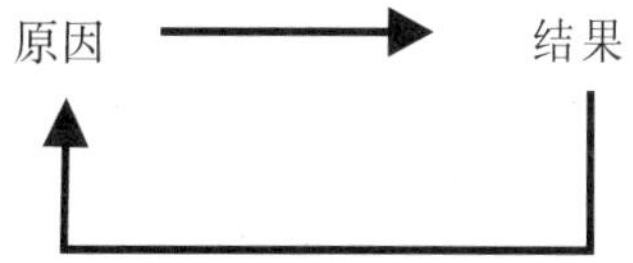

制度不仅是进化过程的选择结果，还是它的影响因素，在这里，我们发现了这种因果关系。在研究个人与制度之间的关系时，凡勃

① 我们使用诺斯的术语，用非正式制度和正式制度来重新开始有关的讨论，发现后者是前者的正式化结果：习惯和规定被写成法律。根据《有闲阶级论》的观点，必须强调的是，财产成为制度最重要的组成部分。

伦与方法论上的个人主义和整体主义保持了距离。制度是个人行为的结果，又反过来约束个人，因此，任何方法论上的简化都必须排除在外，无论是基于独立的个人还是制度。

> 制度框架的发展和改变是集团成员行为的结果，因为正是通过个人的经验和习惯，制度才得以建立。而基于同样的经验，这些制度指导并明确了行为的目标和结果。
>
> （凡勃伦，1909：243）

在这一领域的科学研究必须“关注个人行为并以此形成理论结论”（凡勃伦，1909：243）。在对个人行为进行分析时必须考虑心理机制的作用，但这个机制必须包括制度的运作：

> 今天的环境影响人们对事物的习惯性看法，并改变或强化过去传承下来的精神和立场，通过选择及强制性的行为过程影响明天的制度。
>
> （凡勃伦，1899：126）

正如霍奇逊（2004）所强调，对于凡勃伦而言，个人“偏好”是通过制度内部进化方式实现，而不是通过无法解释的、神秘的研究个人行为的数据来实现的。

九、制度的进化性选择

进化并不是凡勃伦从达尔文处借鉴的唯一概念，他还借鉴了自然选择的概念，将它从生物学领域转变为制度领域。

> 社会结构的进化是制度自然选择的过程……制度并不仅仅是它们自身关于社会主流精神倾向与特征的选择和适应结果，同时也是某种生活和人际关系的方法，也因此反过来成为选择的影响因素。
>
> （凡勃伦，1899：125）

在生活必需品迅速变化的背景下，制度的惰性意味着选择性适应的存在总是会出现时滞。因此，单一的“自然选择”或者说“无意识的、非目的性的筛选”过程与“优胜劣汰”（斯宾塞引进的概念）并不一样。凡勃伦的观点与社会达尔文主义形成鲜明对比。前者的关于制度的一般性和“低级制度”的特殊性常遭到例如“有闲阶级”的批判和怀疑；后者则在19世纪末提出了与达尔文本身无关的一种解释，说明社会的改善和最优化选择过程带有一定的盲目性。

一方面，制度是选择的过程；另一方面，制度在另一个层次上是选择的影响因素，这种二元性解释了制度对个体变化过程的影响。例如关于适应性：“不断变化的制度使个人作出进一步的选择，同时，新制度的形成赋予个人更适合的秉性、对不断变化着的环境更好的适应性和习惯”（凡勃伦，1899：125）。于是，社会环境和制度的形成、选择之间相互影响，共同进化，组成一个复杂的结合体——就像黑格尔所说，如果凡勃伦不反对的话，我们可称之为制度的“辩证法”。这一辩证法与人性最深处的本能形成互动，它们之间相互矛盾，但在历史的范畴中却保持着稳定。

第三节　汉密尔顿（Hamilton）：“制度经济学”

沃尔顿·汉密尔顿（Walton Hamilton，1881—1958），是一位深受凡勃伦影响的经济学家，是两次世界大战期间美国制度经济学的重要拥护者。他的教学为制度经济学的广泛传播作出了贡献，他的许多学生在“新政”及“二战”后的联合国和国际劳工组织（International Labour Organization，ILO）中起到重要作用。

一、对制度经济学的推进

在1918年美国经济协会（American Economic Association，AEA）年会的会议论文中，汉密尔顿第一次使用了“制度经济学”一词，在明确地说明坎南（Cannan）、凡勃伦、米切尔（Mitchell）和霍布森（Hobson）的学说（汉密尔顿，1919）时，反对从亚当·斯密（Adam Smith）以来占主导地位的“价值经济学”。在几个具有决定性的观点上，与“新古典经济学”相比，制度经济学是一门更具前景的理论。它能够将经济科学统一起来，因为它概括地描述了经济组织，“解释了在大工业时期诸如金钱、保险及公司金融得以存在的方式”（汉密尔顿，1919：132）；揭示了它们的性质，并强调它们在更广阔的背景下的作用。它对“现代问题的控制”进行了回应，论证了制度构成社会结构改变的力量并不是一种自然现象，并且强调意识活动受到习俗和思维习惯的约束[①]。制度经济学的中心思想是：制度是经济理论的真正主题，它强调过程而不是强调均衡。一种制度，例如，竞争、产权或者价格结构，组成了发展过程的一部分，这一过程的发生“既通过它与其他事物之间关系的变化，也通过在其内部所进行的微小变化”（汉密尔顿，1919：132）来表现。最后，制度经济学以可接受的人类行为理论为基础，这一理论参考了强调冲动和本能作用的现代社会心理学，而不是新古典经济学的具有讽刺性的理性个人主义和功利主义。制度经济学从制度环境差异中寻找个人行为差异性的主要源泉。

在汉密尔顿看来，制度经济学本身正经历一个发展的过程。它并不否认不同学派的主要贡献——古典学派、新古典学派、奥地利学派、社会主义——而是试图将它们纳入适合时代发展的一个经济秩序理论。

二、社会惯例与习惯

在《社会科学百科全书》（1932）一篇概括性文章中，汉密尔顿受凡勃伦的启发，提出了制度概念这个引人注目的表述公式。他认为制度是“一组社会惯例”，表明“一种流行且持久的思维和行动方式，这种方式嵌入群体习惯或者民族习俗中”（汉密尔顿，1932：84）。它是程序、协议、安排和风俗的同义词。“制度确定了人类活动的界限并将其强加于人类活动”（汉密尔顿，1932：314）。文化代表不同制度的综合体，每一种制度都确定了一种行为类型，

① “控制”这个主题并不是单纯属于凡勃伦主义的，它更多地见于康芒斯的著作中，以集体行动的概念来表达。

并界定了一种活动或其互补活动的“公差带”。他所给出的制度表明这一概念的广泛通用意义。汉密尔顿列举的非正式制度有普通法、高等教育、文学批评、运动竞技和道德章程等惯例（因为他们涉及惩罚或者执行戒忌），正式制度如政府、教会、大学、公司和工会（所有这些机构都对其成员发布指令，强行惩罚并施加权威）所制定的惯例。与市场、葬礼、礼拜、饮食、工作生活和性联盟一样，汉密尔顿也把金钱经济、古典教育、连锁商店、宗教原教旨主义和民主视为制度。

从本质上说，凡勃伦倾向于对制度的批判性诠释，而汉密尔顿则从制度惯性这一论题出发，强调制度比导致其得以产生的问题存在得更久，并发挥着本质上与其初始状态不同的作用。由此，汉密尔顿发展了一个重要的制度矛盾性的思想，因为制度事实上包含着“一个民族的知识与无知，希望和恐惧”（汉密尔顿，1932：84）。制度趋向于适应文化和背景的变化：“一种制度的存在时间长短取决于其适应能力。但它总是在变化的过程中，当非秩序的因素出现；在不同习俗达到协调以前，它已经开始瓦解”（汉密尔顿，1932：86）。与此相类似，一种制度向不同的社会的转移必然表明它的转变：“它的核心在文化发源地得到解放，并呈现出它在归宿地环境中的惯例和特征”（汉密尔顿，1932：86）。

三、制度转变

尽管制度常常诞生于偶然的、局部的和某个时代的环境，但它仍然能够获得持续的意义和更宽广的应用领域。例如，谷物法的废除，它闻名于促使其成为自由贸易一般理论的特殊环境里。正如一

直以来圣经对历史的诠释那样，旧的规则发生转变并服务于新的用途。这一制度的“转变”甚至可以采用完全倒转的形式。因此，

一个禁欲的团体发展为一个富有的僧侣机构；作为君主制度正当存在理由的社会契约理论转变成其终结的裁决工具；致力于个人自由的政党成为财富的既得利益者；而试图解放思想的哲学却仍然是它的奴役。

（汉密尔顿，1932：86）

事实上，制度具有转变的内在倾向，其标志是偏离初始制定者原有的意图。

出乎意料的是，“制度转变”也与惯性有关。一种非正式制度的形成建立了为其提供支持的习惯、思想和兴趣。如果它成为正式制度，它的组织和成员可能呈现出盲目崇拜性质的教会、法律和仪式化的特征。尽管一种制度最初只是代表解决“一个社会问题的答案”，但其涉及的利益和协调机制最终变得僵化，以至于只能通过变革或者废除来替换。汉密尔顿也强调制度往往会激起关于其合法化的争议，这种合法化更多的是一种合理化而非理性。“那些被称为资本主义的杂乱事物从来都没有被设计创造为某一蓝图；但是现在，当代经院学者已经使其智能化为一种有目的的，且能自我调整的一般福利工具”（汉密尔顿，1932：87）。

作为有生命力的制度是综合性的：它既包含着不同时期、不同社会、不同文明思想和习俗的足迹，也包含了预先设计性和偶然性。理解其重要性有必要求助于遗传法和制度分析方法，但是，即便如

此也不能完全解释它存在的方式。

四、制度的矛盾性

汉密尔顿（1932）的研究结论强调了制度的复杂性或矛盾性，

> 在发展着的文化中，它是秩序和目的的一个不完善的代理者……意图和偶然共同导致了它的产生；它将其行为方式强加于人的活动，也强加于计划以外的事物发展进程。它的特性在思想对环境的影响以及环境对思想的反作用中持续得到重塑。在社会经济中，它在维护着自己的存在、成员的利益，并向时代进行妥协。正如人类的各种创造性受到了原本用于控制的力量的束缚一样。
>
> （汉密尔顿，1932：89）

制度同时也代表一个工具、挑战和危险："它的觉醒带来了秩序混乱、成就感、盲目和沮丧。"他最后的分析指出，"制度和人类活动充满了互补和对立，二者在无尽的社会发展舞台上永远地相互改造着"（汉密尔顿，1932：89）。

沃尔顿·汉密尔顿提出了制度主义观点，同时强调了制度的集中性和模糊性，其中包括秩序和非秩序的因素，知识和愚昧的因素，这些观点在历史进程中编号、发展，有时甚至会出现对初衷的健忘。

第四节　康芒斯（Commons）：组织与制度

约翰·罗杰斯·康芒斯（John Roger Commons，1862—1945）是

继凡勃伦之后美国制度主义思潮的第二位重要的人物（巴佐利，1999）。尽管在思想和概念上两位创始人的观点是相同的，尤其是制度在经济学中所发挥的决定性作用这一观点，但他们的研究方法在一些问题上有着本质性的区别。以下是其主要作品：

康芒斯的主要著作

《财富的分配》，1893.

《比例代表制度》，1896.

《工会主义和劳工问题》，1905.

《美国的人种和移民》，1907.

康芒斯等，《美国产业社会史料》，共10卷，1910—1911.

康芒斯等，《美国劳工史》，共4卷，1918—1935.

《工业商誉》，1919.

《产业管理》，1921.

《资本主义的法律基础》，1924.

《制度经济学：它在政治经济学中的地位》，1934.

《集体主义经济学》，1950.

凡勃伦是一位制度的批判分析家，他认为，实践问题绝不能干预科学。康芒斯从一个较积极的角度看待制度并直接参与社会改革问题，他的大部分活动都专注于此。凡勃伦表明自己原则上反对规范标准对理论的干预，而康芒斯则在寻找“一个合理的资本主义”。

他们一个谴责仅表达“既得利益”的雇主组织和工会的集体行动，而另一个则相反，致力于推动其发展并使其制度化。凡勃伦坚持基于达尔文主义的经济科学的进化形式，例如累积因果关系和非目的进化论。康芒斯提倡结合法律、经济和伦理的理论，并不坚持制度进化一般视角的必要性。他的研究方法包括将过去各种经济学派的“见解”通过构建一种理论而综合起来，这种理论是基于19世纪末20世纪初美国资本主义中所产生的制度创新理论。他将他的理论建立在由美国最高法院、普通法法官及法院提供的法律解释上。

一、经济理论的局限性

经济思想史在康芒斯的主要著作《制度经济学》（1934）中占有重要地位。然而，他的方法略显单一，有时甚至陷入困窘的境地。凡勃伦与古典和新古典传统思想持相反的立场，而康芒斯则试图强调先前各种流行思潮的局限、偏颇及过时的特征，他将它们重新诠释而纳入制度经济学中。在他看来，除了对制度问题的低估以外，先前的经济理论还存在两个缺陷。它们假设自然丰裕和利益协调，而没有看到稀缺的普遍性及其所导致的冲突。例如，亚当·斯密认为，一只看不见的手自发地使利益协调，而实际上，是“普通法法院看得见的手”有意识地选择正确的习俗并将其强加于不情愿的个人身上。因此，斯密没有认识到利益协调是源自利益冲突的“集体行动的历史产物”（康芒斯，1934：162）。再者，经济理论趋向于关注心理学而不是制度的作用。这种心理学以人与物之间的关系为中心，并且忽视人与人之间与所有权相关的关系。正是这些个体特性才是问题的关键之处，事实上，这就是“由冲突产生的谈判和交易的社会心理学”。结果便是产生了物质商品和与所有权有关的收入种类之间的混乱。

根据康芒斯的观点，均衡理论将牛顿定理作为其运作模式，并通过拟人化得以推进，由此达成以利益协调为目的的社会机制。过程理论（凡勃伦）从达尔文自然选择中得到灵感，研究无意识转换带来的变化和演化。制度理论或称“运行中的机构理论”（康芒斯的解释）是建立在均衡理论和过程理论之上的，并关注它们的变化。他们的关注点不是自动均衡而是“管理的”均衡，强调“社会控制”对“行为规则”[①] 所进行的“人为选择”（康芒斯，1934：120—121）。

二、“制度化思维”

在康芒斯的方法中，虽然个体具有重要的作用，但必须从“制度化思维”的角度看待个体的作用。

> 个体由婴儿开始。他们学习语言习惯、与其他个体合作的习惯、为了达到共同的目标而工作的习惯、谈判以消除利益冲突的习惯、服从他们作为其成员的机构的行为规则的习惯。
>
> （康芒斯，1934：73）

他们聚集到一起，不是被快乐和痛苦的“欲望”所驱使，“而是或多或少受习惯影响，受习俗的压力，去参与那些由人类集体意

① 康芒斯批评凡勃伦借用自然选择的隐喻来进行制度分析，他反对人为选择，在他看来这正是达尔文的出发点。

志创造的人为的交易”（康芒斯，1934：74）。

康芒斯强调个人属于几个不同的组织。作为20世纪后半期少数几个有影响的美国经济学家之一，赫伯特·西蒙（Herbert Simon）承认对于康芒斯的质疑，并强调与新制度经济学相比，一个“组织经济”模式比“市场经济”模式更能描述当代资本主义的特征（西蒙，1991：42）。“他们不是处于自然状态下的孤立的个人，而总是参与交易，是可以自由进入和离开机构的成员，是在他们之前已经存在并将继续存在的制度下的公民”（康芒斯，1934：16）。

三、运行中的机构

在康芒斯看来，活跃组织或者“运行中的机构”及其行为规则是发达资本主义的特点。这些组织在数量上是庞大的，且以各种形式存在，但是它们可以分为三个主要类别：经济、政治和文化。个人同时是不同组织的成员，在这里，组织是制度的另一个名称。经济就像社会，代表了一个组织的综合体，囊括了从最小的组织（如家庭）到最大最复杂的组织（即国家）。除了某些明显的差异以外，这些机构具有共同特征：持续性（在个人进入组织和离开组织中）、统治权或者自治能力、合法权威、行为规则、批准和执行。然而，事实上，组织的一般模式是基于康芒斯所给出的对最大组织（即国家）的阐述，这一组织在所有其他组织中起着中心作用。从这里可以看出，像大多数资本主义理论家一样，他认为组织存在于国家的框架中。然而，他构建的理论明显地基于美国资本主义，并且他很少能接触到资本主义不同国家形式的题材。

任何运行中的机构，如国家，都具有合法化的“权威形象”和

“统治权”，它们的主要作用显然包括制定和批准组织的行为规则。这些准则主要是遵循普通法方法制定的，在出现冲突时，人为地对非组织规则进行选择，从而成为组织化规则（或者集体行动）。因此，如我们所看到的，这就是康芒斯对普通法模式的总结，他将组织成员描述为它的“公民”。国家（更精确地说，即20世纪初美国民主国家）在某种程度上成为任何运行中的机构的一般模式。

四、“工作规则”

习俗对《制度经济学》的作者来说起着重要的作用。它代表着非组织的集体行动（也可以被称为非正式规则），甚至比组织性的集体行动更加具有普遍性。作者认为，像亨利·梅因（Henry Maine）爵士那样相信历史上习俗已经被契约所取代的观点是不正确的。事实上，尽管随着经济的不断发展，习俗仍然是最重要的。然而，习俗缺乏精确性，这导致了冲突。因此，组织运作必须通过选择，将习俗正式化和精确化，并将其编成法典，进而通过经济或法律的批准。这一过程在任何机构中都适用，甚至包括普通法官决定的法律的形成过程也是如此。但是，任何组织，包括国家（它是政治的产物），在法律规定面前都是平等的。

在康芒斯看来，法律及各种不同组织或机构是以规则为理论基础的，这些组织在某种程度上代表了不同规模的“社会”（基斯兰，1999）。每一个机构，

必须有其行为规则，这是它的法律。这些规则来自于权威、习俗、习惯、本能等。它们是普通法、成文法及机构的公平法理。国

家、商业机构和文化机构都依赖于这些行为规则，不同之处主要在于制裁的类型是物质的、经济的或者道德的，它们均可使这些规则得到强制执行。

（康芒斯，1924：323）

最后，行为规则并没有预先建立利益协调机制，因此，冲突是必不可少的，但它创造了一种“可行的相互关系”，以及个人在交易中对秩序的期望（康芒斯，1934：92）。这一思想综合了所谓的政治方法和规则间的相互调节。

五、交易理论

在康芒斯看来，财富具有双重性，它既具有物质性，也具有所有权性质。所有权的现代概念包括物质、非物质及无形财产，这成为制度经济学或常称为“产权经济学”的基础。先前的理论关注于商品、工作、欲望、个人或者交换，而这些新理论把“交易”作为其中心命题或分析单位，而“交易”这一概念同时包括了冲突、依存和秩序。交易是“合法控制的转让单位”，介于古典经济学家研究的劳动力商品和快乐主义经济学家的消费乐趣之间。它不局限于商品的交换，同时也包括个人之间对未来物质所有权的转让（康芒斯，1934：58）。因此，“法律—经济关系”被认为是其中心[①]。

受“行为规则”约束的运行机构期望有利的交易。交易有三种

① 在马克思看来，法律属于社会经济基础之上的上层建筑，并由上层建筑决定社会经济基础。相反，康芒斯强调“资本主义的法律基础”（1924），因此，他在某种程度上改变了马克思主义者希望传递的信息。

形式：买卖交易、管理交易和限额交易。康芒斯认为，这一分类既概括又全面，把与原来经济学家错误使用交换一词的概念区别开来。

表 2－1　交易的三种类型

交易形式	买卖交易	管理交易	限额交易
个人地位	法律上平等	法律上的优势和劣势	法律上的优势和劣势
谈判心理	说服或者强迫（与双方的讨价还价能力有关）	命令和服从	辩护和争论
一般原则	稀缺	效率	公平
委托人识别	没有委托人代理人的区别	个人或者等级	集体权威
交易目标	所有权的转让（债务和支付）	财富创造	财富分配（分配利益和负担）
未来承诺的执行	价格和数量	投入和产出	预算、税收、价格调整、工资调整

资料来源：（康芒斯，1934：59— 68，106；康芒斯，1950：57）

买卖交易发生在法律上平等的各方之间，但是由于“讨价还价能力”的差异，在经济上各方未必平等。管理交易和限额交易代表优势者和劣势者之间、管理者和被管理者之间的一种法律关系。在第一种情形中，管理者是发布命令的个人或者阶层；在第二种情形中，优势者具有集体的性质（董事会、仲裁法庭、独裁政府、税务当局等），并在其集团的下属间分配负担和利益。三种交易方式都有经济、法律和道德三个方面的内涵。

康芒斯还区分了“战略”交易和“常规”交易。第一种与行动的“限制因素”有关，第二种与行动的“互补因素”有关。行动的限制因素是指其控制作用在恰当的时间地点以恰当的形式发生，激活互补因素以达到想要的结果（康芒斯，1934：629）。然而，限制因素和互补因素不断交换位置。一旦受到控制，限制因素就会成为互补因素，而后者则成为限制因素。康芒斯强调这一模式的普遍性，并且强调它与时间问题的关系：限制因素是当前行动的主要问题；而就互补因素而言，个人预期其将在未来保持稳定。因此，人们对这一问题的关注，没有必要像在运行中的机构对常规交易的关注那样（康芒斯，1934：644）。这个分析清晰地预测了半个世纪之后发展起来的一些公司演化理论，而这些理论与康芒斯所提出的命题并没有显著的初始关系。

六、集体行动与“普通法的方法”

对于康芒斯而言，制度这一概念来源于机构的分类，行为规则和集体行动。在这一点上，英国和美国的概念“运行中的机构”（在德语中其对应词是 Gutgehendes Geschäft）很重要。“正是这些运行中的机构，我们称之为制度。从家庭、公司、工会、行业协会直到国家本身，它们通过工作规则得以持续运作”（康芒斯，1934：69）。因此，我们给出了一个以组织及其规则为中心的制度的定义。

集体行动可以采取两种方式：未组织化的习俗和组织化的运行机构。在康芒斯关于制度的经典定义中，其简要形式是“控制个人行动的集体行动”，但完整形式的定义是“限制、解放和扩展个人行动的集体行动”（康芒斯，1934：73）。显然，与凡勃伦相比，这是他分析中的独创之处。这一定义强调，正是制度的约束性表现出了解放个人的一面，制度能够保护个人免受其他个体强制性或不平等的对待，这极大地拓宽了个人的行动能力，使他能够比独自行动收获更多。

在英美国家传统中，通过普通法的方法制定的法律，事实上是普遍适用于所有运行机构的原则，“通过裁决利益冲突而制定新的法律，使非组织的习俗或道德等行为规则更加精确，更具组织化的强制性”（康芒斯，1934：73）。普通法方法本身就是一种习俗——如果康芒斯更多地体现出一种凡勃伦观，他或许会将其称为一种“习惯”。组织内部的行为准则在不断地变化（康芒斯，1934：71）；它们表明个人可以、必须或者有权做什么或不做什么，使其服从于具有道德、经济或物质特征的集体性认可。

七、制度变迁，时间性与未来性

由此，对康芒斯而言，制度代表着运行中的机构及其行为规则。然而，在其“制度化思维”的讨论中，他把这一概念拓展到了语言和技术，从而赋予其更为宽泛的意义：

> 人的思维不只是一个活着的有机体。作为有机体，它仅仅是一个高度发展的大脑。在大脑被制度化以前，它仅仅是动物有机体的一部分。之后它获得了更大活动范围，我们称为思维和意志。它的第一个制度是符号、文字、数字、说话、写作，我们称为文字和数字的语言。这是个人的一个习惯，一个历代流传下来的强制性习俗，简言之，即一种制度。人类的其他制度有火、工具、机器、家庭、政府等等，它们不断地重复着……我们称为运行中的机构。
>
> （康芒斯，1934：638—639）

时间性是多数制度经济学流派强调的一个必不可少的问题，因为他们都强调变化的重要性。然而，康芒斯的研究更加深入。对他来说，时间的概念甚至是制度化思维的一种结构。

因此，人类不只是有机体，而是制度化的产物，只有制度化的思维才可将经济活动的时间维度演变成我们所谓的未来性。未来性是制度化的：孤立的婴儿和个人就像动物一样，对未来性了解很少甚至一无所知。有机体的大脑在时间上向遥远未来的制度化延伸与其在空间上的延伸是不可分的。正是大脑活动的这两种制度化延伸，使产业上高度发达的现代运行机构和政府向世界范围及未来子孙发布指令成为可能。

（康芒斯，1934：639）

因此，康芒斯同时在空间和时间上强调制度和未来性、精神制度化和其“扩展物”之间的关系。时间是制度化的。他写道：

在当代活动的未来性尺度上，在制度预期的支持下，人类有机体将未来发生的事情转变为当前的行动……这就是我们常说的时间控制空间。只有制度化的大脑才能获得世界，他们通过运行中的机构和工具化的机制来实现。

（康芒斯，1934：640）

因此，根据行动的实用主义理论（该理论为康芒斯提供灵感），“未来性”发挥了中心作用（基斯兰，2002—2003）。个人按照他在现行制度框架下所预见的未来在现实中采取行动。事实上，行动存在一个合理性问题，但它受到未来预期的影响，也受现行集体行动的约束。未来以不确定性为标志，但制度的作用正是减少这种不确定性：制度经济学考察这样一个社会，“坦白地说，这个社会的未来是不可预测的，但能够在某种程度上受到洞察力和集体行动的控制”（康芒斯，1934：107）①。

第五节　波兰尼（Polanyi）：作为制度化进程的经济

卡尔·波兰尼（Karl Polanyi，1886—1964）因其著作《大转型》（1944）而闻名于世，此书被认为是异端制度分析的经典阐述（马可仁，2005）。在该书中，他特别地描述到，19 世纪的自由主义是一个危险的乌托邦，这个乌托邦由自我调整的市场规则构成，而这个规则是通过延伸至“虚拟商品”（即劳动力、土地和金钱）的范畴来建立的。这个乌托邦对社会的破坏性作用产生了一种保护性的反向运动，他认为正是这一运动导致了对交换延伸的一些限制。

在某种程度上，把波兰尼称为制度经济学家有些言过其实，因为他实际上是一位历史学家、人类学家，并且在他的著作中并不能直接见到德国历史学派或者美国制度主义的痕迹。即便如此，把他与这一传统流派并列并不牵强，并且他对 1950 年代以来早期制度主

① 在凯恩斯（Keynes）的著作中有这样一个中心观点，即惯例能够降低金融经济中的不确定性，这与康芒斯的概念相似。在凯恩斯的传记中，斯基德尔斯基（Skidelsky）称康芒斯“是一位对凯恩斯具有重要影响”的人，他引用了一封 1927 年凯恩斯写给康芒斯的信，信中写道，“再没有其他经济学家的一般思维方式与我的如此一致”（斯基德尔斯基，1995：229）。在随后的历史中，制度主义者与凯恩斯主义者的相互影响是十分重要的。

义思潮产生重大影响。

一、"一体化模式"

总体上，经济代表一个"制度化过程"，它嵌入经济和非经济制度中（波兰尼，1957：250）。为了研究不同历史时期不同社会中制度化的不同模式，波兰尼使用了"一体化模式"的概念。这些模式"表明了连接经济过程各元素的制度化活动——从物质资源和劳动力到商品的运输、仓储和分配"（波兰尼，1977：35）。一体化的概念与协作相近，实际上，就是将劳动分工造成的分离"重新统一"。在对历史经济体系广泛地比较研究基础之上，波兰尼认为，在这一领域有三个基本的模式：互惠、再分配和交换[①]。

> 互惠是指对称组织间相互关联节点之间的活动；再分配表明向一个中心移动并重新离开该中心的活动；交换在这里指的是市场体系下的"手"之间的相互活动。由此，互惠假定存在安排好的对称组织；再分配依赖于组织中心的存在；为了达成一体化而存在的交换则要求一个价格决定的市场。很显然，不同的一体化模式均假定一定的制度支持。
>
> （波兰尼，1957：250）

这些一体化模式并不构成发展的"阶段"，它们本身也并不是经

① 在《大转型》中，波兰尼列出了第四个模式，即家庭原则模式，这是为满足封闭族群的需要而进行的生产和直接贮存的模式。但是，他在其后的著作中并没有保留这一概念，这表明，这一概念更多地与小规模的再分配有关。

济系统。在历史进程中，它们以不同的方式结合在一起："几种次级形式可能会伴随着主要形式一起出现，这些组合也许会在经历一段时间的消失之后重新出现"（波兰尼，1957：256）。在西欧封建主义末期以前，所有系统"或者是按互惠的原则组织，或者是按再分配的原则组织，或者是按家庭关系的原则组织，又或者是三者的结合"（波兰尼，1944：85）。相反，市场经济或者资本主义体系则受交换原则主导，这使其具有独特性。

需要注意的是，在强调经济体系中共存着各种协调模式的制度主义观点的主要思想渊源中（柯灵斯沃弗，博叶，科尔奈），波兰尼的理论被认为是其中之一，它在本质上不同于提倡二元模式的经济协调理论（市场/国家或者市场/组织）。

相比之下，亚当·斯密假定人类的"物物交换的倾向，运输物品并用以交换其他物品"是市场的本源（同样的还有凡勃伦假定本能是构成习惯的基础），而波兰尼则对"个人行动和态度的简单加总产生了支持一体化模式的制度结构"的观点持批评态度（波兰尼，1977：37）。因此，如果"没有事先给定的结构模式（而这个模式不能是个人互惠或物物交换行为的结果）"（波兰尼，1977：37），那么无论互惠还是交换都是不可能存在的。在这一点上，波兰尼参考了杜克汉姆（Durkheim），韦伯（Weber）和帕累托（Pareto）的观点，他们强调各类个人行动的社会先决条件。他尤其以人类学家图恩瓦尔德（Thurnwald）和马林诺夫斯基（Malinowski）的著作为基础，这使得对以下问题的理解成为可能：为什么在没有给定社会条件的情况下，个人行为常常不会产生社会效应。

> 只有在对称的组织化的环境中，互惠的取向才能产生重要的经济制度；只有预先建立了组织中心，个人相互合作的取向才能产生一个再分配的经济；只有存在为交换而制度化的市场，个人物物交换的取向才能产生综合了组织经济活动的价格。
>
> （波兰尼，1977：38）

因此，波兰尼提出了一种结构主义方法，即事先建立的制度引导个人行为朝着构造特定一体化模式的方向发展。

二、“错位”问题

波兰尼一项最著名的思想，即现代资本主义存在着与一个整体社会经济相“错位”的问题[①]。总的来说，他以亚里士多德（Aristotle）的思想为基础，将“实质经济”定义为以人类生存为目的的活动。他认为，在历史上，在以自我调整为中心的市场体系发展中伴随着一种经济的“错位”或相对自主性。这个现象不同于以前的经济，只是被嵌入在社会中，并与经济活动和动机紧密结合，并且体现在社会惯例和目的中（父母的、政治的、宗教的等）。只要互惠互利和资源再分配占主导地位，即使“经济”的概念存在，在现实生活中也不可能真正被实施（波兰尼，1968：84）。相反，作为利润目标，自我调整市场体系的基础，导致了完全不同于实质经济这一传统概念的形式，即经济的“形式”概念占据了主导地位。现在，经济领域似乎已完全被自己的法则所驱动。社会附属于市场：“不是

① 马克思（Marx）、梅因（Maine）、滕尼斯（T・Nnies）、韦伯（Weber）和马林诺夫斯基（Malinowski）的观点对他有影响，他在自己的著作中引用了他们的观点（波兰尼，1957）。

经济嵌入社会关系，而是社会关系被嵌入经济体系”（波兰尼，1944：88）。波兰尼，一个民主社会主义的拥护者，期望“二战”后形成的“大转型”能够限制经济不稳定的错位，结合互惠、再分配和交换这些一体化模式达到预期的平衡。

第三章

奥地利学派与“秩序自由主义”

第一节　门格尔（Menger）：有机方法与实用方法

奥地利学派的创始人卡尔·门格尔（Carl Menger，1840—1921）指出，形成制度的两种方式之间存在重大区别，以此作为对德国历史学派批评的回应，后者认为传统的政治经济忽略了人类行为中制度因素的作用。某些社会现象“是公共意愿直接推动的结果（如协议或积极的立法等），而有些则是为实现纯粹的个人目标的个体行为所形成的意料之外的结果”（门格尔，1883：133）。前者为“实用”起源，而后者为“有机”起源。如果大多数同时期的制度都是以一种相同而刻意的实用方式建立的，那么解释起来则很简单。然而，以有机方式建立的制度则不然，其对经济理论的重要性为门格尔所强调。

一、作为有机制度中的货币

门格尔在其《国民经济学原理》（甘沙梯舍，1871）一书中确立了以下理论：货币可以为人们改善自身境况带来意外收获。货币作为社会活动的终结，它具有“自发性的必然结果，特别是对社会成员没有计划和预谋的各种个体行为会产生自发性的必然结果”（门格尔，1892：250）。在他的《关于社会科学，尤其是政治经济学方法的探讨》（恩特斯昌根，1883）一书中，该理论被推广至很多其他的制度解释上，如法律、语言、市场、社区起源和国家本身的起源等。经济学和社会科学的“精确研究”所要解决的问题是：“在没有公共意愿和刻意设计的情况下，提供公共福利并对其发展产生至关重要作用的制度是如何形成的”（门格尔，1883：146）。为了克服易货贸易的缺点，一些有识之士尝试接受高度“交易性”的中间物品，结果自发形成了货币。与此相似，不同职业不同技能的人们聚集到某一新地方，并且相信他们将为自身技能找到一个更好的市场，这时就形成了新的社区。国家的产生则是因为相互邻近的家庭认为，团结起来对双方都有利。我们这里谈的是“有机的发展”，其中，社会制度是社会成员各自追求自身目标所综合形成的自发性的结果。通过遵循一定的规则或使用一定的方法，一些个别人在获取利益方面比其他人更快或者能力更强，这时如门格尔所述，其他人就会看到他们的成功并尝试效仿他们。这就是在没有计划并且没有任何人刻意设计的情况下，“公共福利制度”得以产生的原因。例如，一些人出于利益的考虑，愿意将自己的货物换成“交易度”更高的其他商品，即使他们自身并不需要这些商品。类似这样的现象将会越来越普遍。

并不是一个国家的所有成员都会同时意识到这一点。相反，起初只是一部分人认识到自己所获得的优势……在调动人们追求经济利益的积极性方面，最好的办法就是让他们看到别人运用正确的方法获得了经济上的成功。

（门格尔，1883：155）

门格尔认为，这一解释方法可以推而广之，并因此提高它的价值："在解释'有机'形成的社会结构的起源和具体经济学主要问题的处理方面，二者的解释方法本质上是一致的"（门格尔，1883：158—159）。这些方法后来被称为"方法论个人主义"［该词是熊彼特（Schumpeter）提出来的］，并附加了解释，该解释间接借鉴了亚当·斯密的"看不见的手"。换句话说，结果不是任何人特意设计出来的，而是针对私人利益的个体行动所产生的。虽然在意料之外，却是幸运的、对整个集体有益的结果。紧接着出现的一个显而易见的问题是，那些"错误的"甚至"低能的"（正如凡勃伦所称）有机制度是否无法自发形成某种模式。门格尔承认，在有机体系中，确实存在对公共福利有害的惯例法，因此，需要通过立法在实用体系中修正（门格尔，1883：233）。然而，从总体上来说，他依然反对亚当·斯密及其追随者的"单边理性主义"和"英法启蒙时期的实用主义"。门格尔认为他们忽视了大量制度的有机成因，并导致改革主义泛滥，不自觉地为社会主义打开了通路（门格尔，1883：173，177）。

二、复杂的相互关系

应该强调的是，门格尔将个人主义方法和看不见的手的比喻与他的经济自由主义联系起来。不过，他并没有将制度的有机体系和实用体系上升到对立的层面：“不论何时，在解释社会现象的整体性方面，使用实用解释和‘有机’解释两者都一样，都是必不可少的”（门格尔，1883：135）。这种情况甚至同样适用于货币和法律的解释，虽然它们以有机方法为主：

货币并不是由法律制定出来的。从源头上看，货币是一种社会制度而不是政府制度，但是可以通过国家的权威对货币认可。然而，从另一方面看，由于有了国家的认可和管理，社会货币制度得以越来越完善，并能够适应商业不断发展所提出的各种各样的新需求，正如惯例权力已经被完善并调整为成文法。

（门格尔，1892：255）

门格尔进一步指出，历史上最普遍的形式就是：一项制度最初是有机产生的，最后却被立法的实用性所干预或被扭曲改变。事实上，这样的例子在货币和市场的现行系统、法律和现代国家中都出现过。“这些例子表示在制度内的个人效率和社会技术力量相结合，或者是‘有机’和‘积极因素’共同作用的结果”（门格尔，1883：158）。

事实上，门格尔的制度起源理论分为两个层面。首先，个人有目的的技术活动是为了获取私人利益，却无意中成为制度的有机起源，并通过模仿的方式最终为公共利益服务；其次，社会有目的的技术活动是为了实现公共利益，它刻意设计了实用体系制度。然而，这两个层次不是相互独立的，实用体系可以改善制度中的有机体系。

第二节 哈耶克（Hayek）的“秩序”与“规则”

一、自由制度

弗里德里克·哈耶克（Friedrich Hayek，1899—1992）和冯·米塞斯（Von Mises）是20世纪传统奥地利学派的主要继承者和发展者。哈耶克致力于经济和政治自由主义的重建，这使他越来越远离于起初奥地利学派和新古典主义传统所共有的元素，例如，均衡理论、完全知识假设以及价格核心作用理论。与此同时，他转向巩固和深化个人主义方法论。他对社会主义的评判，更普遍地说是对国家干预的批判，使他逐步将研究重点放在复杂的行动协调问题、相对无知性、个人知识不完全性以及竞争性在创新过程的作用。在他1960年到1980年的论著中，特别是《自由宪法》（1960）、《法律、立法与自由》（1973—1979）和《致命的自负》（1988）这三本著作中，哈耶克建立了详细的规则理论，从广泛意义上来说，他对制度经济学作出了重大贡献。

制度的概念和哈耶克的“秩序”与“规则”概念之间存在紧密的联系，这主要体现在构成不同学科的各种思想传统上——经济学、法学、政治理论、心理学和哲学，同时这也为哈耶克的研究留下了充足的空间。哈耶克思想有两个重要来源，一个是亚当·斯密的“看不见的手”理论［还有“苏格兰启蒙运动”时期的先辈们如弗格森（Ferguson）的理论］；另一个是门格尔对有机和实用形成制度之间的区分，哈耶克将这个区别进一步深化并用于“规则”的构建。和门格尔一样，哈耶克最喜欢举的制度例子是语言、货币、道德和国家，也包括所有权和法律。他还将不同制度的规则进行分门别类。

二、秩序与规则

秩序的概念在一定程度上反映了连贯性和持久性，有点类似于“系统”、“结构”或“模式”（哈耶克，1973：42）。在社会和经济领域，哈耶克认为必须将刻意构造的秩序即组织，同自发形成并通过自我组织不定向演化发展的秩序区别开来。构建的组织秩序和自发形成的秩序并存于经济和社会的不同发展阶段。但是扩展而复杂的秩序是不容易刻意构造的，特别是市场秩序和社会整体秩序，这是哈耶克理论最常使用的两个例子。

因此，组织秩序和自发秩序之间存在本质的区别，甚至说有重大的对比性。组织秩序相对简单：它目标明确，拥有指令和规则的制定管理，同时有意识并蓄意地协调各种行为。相反，自发秩序很复杂，它没有组织者、管理者或策划者，没有最终目标，并以无意识但有效的方式协调行动。组织秩序是具体的，自发秩序是抽象的。后者无法从直观上理解，而必须在头脑中重新构思其各个组成部分之间存在的各种关系（哈耶克，1973：44）。

这两种秩序的共同之处在于，他们都建立在规则的基础之上。然而，他们之间有两个重大的差异必须加以强调：组织是由策划者的指令及其制定的规则进行管理的，这些指令和规则是目标导向的；而自发秩序只是基于“纯引导的规则”。此外，组织秩序与自发秩序的规则明显不同。前者目标明确，或者说目的性强，是具体的、刻意建立的并且是规定性的；后者是非目的性的，它独立于周围环境，因此是抽象的，它以自发并不断演化的形式产生，并且具有逐步被禁止的特点。

在表 3-1 中，我们可以看出这两种秩序之间的对比，以及对两种不同类型规则的总结：

表 3-1　哈耶克的两种秩序和规则

组织秩序（Taxis）	自发秩序（Kosmos）
制定的秩序，人为或外生秩序，协议安排，架构，组织	成长秩序，自我形成，自我组织或内生秩序
简单	复杂
有目的，有组织者	无目的，无组织者
有具体的各个任务，有一个最终目标	独立于任何共同目的（除了秩序本身）
刻意统筹协调	无意识并且非计划性地协调
由命令和规则控制（针对各个目标的子命令）	只有一些引导性规则
具体的（可直观感知）	抽象的（不可直观感知，永久性的）
有组织的规则（Thesis：立法法）	自发秩序的规则（Nomos：自由法）
有期限的（短期内有具体可预见的成果）	无期限的，非目标性的
具体的	抽象的（适用于未事先考虑后果的，不定量的未来情况）
刻意建立的	自发出现和演化，渐进地、细微地完善
不同组织的秩序各不相同	同等地适用于所有组织
规定性的	不可获得的或无预期结果的

资料来源：（哈耶克，1973—1976）

支持自由主义与反对社会主义，或者说反对任何形式的“建构主义”，反对欲通过中央计划对社会或经济进行非理性干预，这两者争论的核心基于以下原则：对任何复杂规则来说，自发形成优于中央计划（哈耶克，1988：123）。事实上，只有自发秩序的非刻意协调行为，才能以非中央的形式将分散的知识和信息进行系统的联结和传递。在哈耶克看来，试图用组织取代自发秩序并同时想利用所有分散的知识是不可能的。另外，想以直接命令的干预行为来改进或更正自发秩序也是不可能的。上述此类企图结合利用自发秩序和组织秩序的做法永远都是不现实的。

（哈耶克，1973：59—60）

三、规则、知识的分工与知识的传播

虽然哈耶克构建了规则的一般理论，但他的兴趣主要在于与自发秩序相关的规则，正如门格尔的有机制度。事实上，确实有人在哈耶克的理论中发现了他对个体的解释以及对“看不见的手”之类理论的进一步深化。然而，哈耶克特别强调对“进化”规则有益的、由无数代经验所积累成的知识结晶，遵循规则的人士因此可以间接地，并且大多数情况下不知不觉地使用这些知识。个人的知识在空间和时间上都是分散的。没有哪一个人能够集合运用所有的知识（特别是非中央机构）；单纯指导性的规则使得个人即使不知道某一知识也可能在某种程度上受益。这就是为什么规则也被称为工具或手段；对个体来说，规则“是帮助性的，是个人可以支配的工具，个人将自身获得的部分数据，连同所知的时间地点具体背景，一同作为制定决策的基本依据”（哈耶克，1960：151）。因此，传统知识是很重要的，不应该为一般结构主义者所蔑视[①]。

一项复杂秩序的抽象规则的优点之一就是，它使得个人在制订不同的行动计划时，能够对各种可能产生的后果作出调整（哈耶克，1973：117）。这就产生了规则协调，它是对价格协调的补充（或甚至说铺垫）（弗尔特巫，1995）。单纯的指导性规则的基本作用是，它使所有的自发秩序都发挥作用，在某种方式下这应该是一种“新兴”而反直观的现象[②]。“人们必须将以下两者区分开来：一个是规则规定的个人行为准则；另一个是因遵循某些规则而产生的整体秩序”（哈耶克，1973：111）。

四、国家与法律

哈耶克的法律理论所采用的基本模型是英美系的“普通法”，他认为这是真正符合自由理想的唯一模型。相反，在他看来，在法国和德国实行的“大陆法”由制定法构成，是纯粹的结构主义。他说：“至少长期以来，在法官立法为主下，个人自由的理想似乎已经深入人心”（哈耶克，1973：94）。不过哈耶克的解释有时被描述为浪漫“亲英主义”（欧·宾，1998），与下议院的看法显然不同，虽然两者都是“普通法”中存在的一个问题。

法律有两种类型：第一种是希腊的律法、法令（希腊语：Nomos），即祖先传下来的规则，对立法者构成制约；第二种是由法律

---

① 虽然凡勃伦不能算作一个结构主义者，但他也是传统所批评的人物之一。

② 哈耶克提出了“复杂现象理论”（哈耶克，1967b：26）这一概念，在他的自发秩序理论中也隐含了该核心概念。

"制定"规则，其构成的法律明文规定，由权威机构制定并颁布实施。当我们简称"法律"或立法规则时，这两种类型通常被混为一谈，导致混淆了自发秩序的指导规则和组织的规定性规则。哈耶克反对立法实证主义，他认为由惯例或传统演化而来的规则早于立法。在普通法模式下，如果立法是建立在良好的惯例基础上的话，那么在制定单纯引导的抽象规则时，立法能起到协助和巩固作用。相反，如果首先青睐理性主义和建构精神，认为可以通过一个万能的立法者实现组织型目标的话，那么就会危及"大社会"的自发秩序。

因此，国家具有双重职责和双重性格。一方面，国家正式批准普通法司法程序和指导规则，并对其进行必要的完善或调整（这点已经得到门格尔的赞同），但同时也绝对尊重这些规则的一般抽象性及其在维护社会自发秩序中发挥的作用。换句话说，国家是"Nomos"的监护人；然而另一方面，国家本身是一种组织秩序，它是建立在确定规则和内部命令基础上的，特别是作为公共服务提供者的角色时。国家是无数组织中的一种，显然也是最大的一种组织秩序（这点似乎与下议院观点相同）。然而，国家的双重作用在于其作为一种特殊组织对优于自身并包含自身的自发秩序所产生的特定作用。真正的法治国家必须确保全社会遵守"Nomos"的抽象规则。也就是说，民事法或"私人"法源自普通法，而同时又必须含有自身的内部组织规则，这点涉及了"公共"法领域（内莫，1988）。

哈耶克认为，将国家的双重作用混淆起来是结构主义和社会主义传统的固有缺点之一。他们把社会看作一个巨大的组织，并且将"Nomos"和主题混同起来。这些传统鼓励对自发秩序进行不时的干预。这样做不仅妨碍了自发秩序的再生，同时也必然导致负面效应的产生，而这又进一步成为实施干预的理由。如此一来，社会将会“通向奴役之路”（哈耶克，1944）。这里再一次重申古典自由主义，它是建立在经济层面（市场的自发秩序或“偶然秩序混合物”）和政治层面（个人自由）的共同基础上的，其核心道德和法律建立在雄心勃勃的制度理论上。

五、文化演变

如果把哈耶克思想看作是制度经济学组成部分之一的话，主要原因在于他对制度起源、发展和演化问题的重要贡献。有人发现哈耶克在其理论中清晰阐述了这个理论发展和演化的不同层级或阶段，这点在某种程度上与凡勃伦的观点类似。哈耶克实际上强调了三种规则形成模式之间的差异，这种差异导致了三个规则层级之间的重叠。

> 一开始，显然存在决定人类生理结构的“本能”力量，例如几乎不变的基因遗传。其次，通过个人所经历的规则——这些规则并非个人刻意选择，它得以传播是出于一些实践活动促进了某些群体的繁荣和扩张，扩张也许更多是来自外界的吸引力，而不是传统社会的继承和迅速的繁育。最后，最重要的一点是，规则中存在着一些薄弱环节，这些薄弱环节在明确的指导下，将被修订或者重新制定。
>
> （哈耶克，1979：160）

凡勃伦学派的“三元论”包括：本能、习惯和制度（哈耶克未对此作讨论，显然是对凡勃伦的藐视）被另一个“三元论”所取代：本能、有机规则和实用规则（借用门格尔的术语）。凡勃伦看到与各种制度结构相冲突的本能，似乎有时也对有益的本能感兴趣，如技艺本能或天生的控制负面的本能。然而，哈耶克并不相信“返祖”本能，例如团结他人和利他本能。他认为这些只适用于原始小团体，而完全不适用于复杂的不断发展的秩序[1]，正如他对人类无知根源的认识有所保留一样。这就解释了为什么哈耶克特别关注“三元论”的第二层次，这个层次的传统是建立在演化所甄选出来的规则基础上的；在这一点上，哈耶克的立场似乎与凡勃伦的完全相反，后者坚持认为传承制度具有常见的复古主义和不适应性。事实上，

> 不是本能直观认为正确的事物，也不是理性认为为特定已知目的服务的事物，而是传承的传统规则，往往对社会的正常运转效用最大。但是当代主流结构主义的观点却拒绝接受这一事实
>
> （哈耶克，1979：162）

哈耶克将决定正确规则的起源和发展解释为“演变”——在他看来，“演变”概念与自发秩序无异。该概念以文化演变的形式在哈耶克后来的工作中占据越来越大的分量。文化演变与其他演变进化过程类似，尤其是在生物学领域，但其自身又有一定的固有特殊性。特别是它的选择方法不是自然的，也不是人为的，而是“文化”的。选择的不是个人（如社会达尔文主义思想），而是规则，并通过

① 这是他批评所谓“社会公正”概念的原因之一（1976）。

"社会群体选择"[①] 的方式实现（哈耶克，1979：171）。指导规则最初是个体的创新，当它被较大的群体接受时就可能不断扩张，并生成不同的文化传统（哈耶克，1973：90）。接着，在不同群体的相对繁荣和扩张的基础上（人口膨胀，加入外来人口），成功群体的规则被其他群体模仿，这将有助于相关规则的传播发展。而其他一些群体固守的规则较不利于成员的繁衍，于是这类群体将会变得越来越小或被并入成功的群体。个体创新的过程（其实最初是对既存规则的违背）在不断上演，但文化选择是在群体差别优势（哈耶克，1979：186）的基础上进行"扬弃"，最终使得对整体自发秩序较有利的规则得以幸存下来并生根发展。

实际上，该理论是建立在社会群体原始演变的基础之上的。看起来似乎非常浪漫，并似乎不同于通常象征着征服和暴力的大部分人类社会历史。哈耶克所谴责的当代社会特征——结构主义倾向及其相关规则——是不是也通过进口或慢慢地模仿而逐渐蔓延开来，同时却又与各个社会的经济或人口发展没有简单而直接的关系呢？哈耶克始终认为，道德规则与财产、货币和法律制度（从最深刻的意义上看）是文化演变的结果，文化演变能够带来文明和经济扩张。在哈耶克看来，正确的行为规则虽然有时有些模棱两可，或者被误解，但是它所了不起的地方是指导"抽象"的自发秩序进行理性的重新建构，而这些行为规则在其发挥作用时才为人们所认识。

个体可能不了解他所遵循的所有规则，如关于亲情、通婚或财

① 这是哈耶克理论中最有争议的论点之一，包括来自奥地利学派支持者的批评，他们中的一些人认为这是与方法论个人主义相违背的。

产继承的规则，所构成的总体秩序是怎么样的，也不知道后者的具体功能是什么。然而，所有现存的物种都会遵循这些行为方式，因为那些未遵循此类规则的群体已经被遵循了的群体所取代。

（哈耶克，1967a：70）

第三节 欧根（Eucken）与“秩序自由主义”

以瓦尔特·欧根（Walter Eucken，1891—1950）、法兰茨·伯姆（Franz Böhm）和弗赖堡学派为代表的秩序理论（德国秩序理论）被视为德国思想家对制度经济学的贡献。欧根试图解决历史学派的制度方法和边际主义与奥地利传统学派的抽象分析方法之间的方法论之争。

一、经济秩序、财产与计划

通过与概括抽象截然不同的“孤立抽象”方法，欧根试图证明在历史过程中反复出现的经济秩序（德语：Wirtschaftsordnung）。结果，欧根提出了“纯粹类型”形态学，他将历史上的社会经济结构划分为“中央计划经济”（德语：Zentralverwaltungswirtschaft）和交换经济。前者又可以分为两种类型：一种是个体能动经济，其中经济活动计划由经济单位的领导者做出；另一种是集中管理经济，其中管理机构制定规划。交换经济也可以分为两种类型：易货经济和货币经济（欧根，1940）。这两种主要结构及其各自类型又可以进一步划分为几种理想形式，例如交换经济下市场的各种形式。历史上，经济系统可以进一步地分为数量有限的几种纯经济秩序形式。

欧根认为，区分主要经济秩序的基本标准不是所有权，而是计划权力的分配（配置权）。例如，苏维埃俄国和纳粹德国代表两种不同类型的中央计划经济，前者的基础是生产资料集体所有制，而后者是私有制。如果将主要经济体系理论分为以所有权优先还是统筹权优先，那么欧根显然偏好后者。在保持所有权的首要地位的前提下（符合冯·米塞斯以来的奥地利传统），科尔奈（Kornai，1992）曾经试图将二者结合起来研究。

二、作为竞争性秩序保护者的国家

在论述国家作为“竞争性秩序保护者”的重要性方面，弗赖堡学派的秩序自由主义不同于曼彻斯特学派的自由主义（也不同于哈耶克提出的演化生成的自发秩序）（欧根，1952：327）。虽然秩序自由主义认为经济主体自由优先，但是它把重点放在经济宪法规则上，后者能制定有效配置这种自由权的经济秩序。这点与哈耶克的观点类似（事实上，哈耶克在20世纪50年代曾经是弗赖堡大学的一名教授），但是从哈耶克理论的视角①看，欧根更倾向于“自由结构主义”。在讨论由长期演化和文化选择所形成的“正确指导规则”市场秩序所需要的条件方面，哈耶克坚持认为，作为竞争自由秩序得以存在和维持的前提，国家应该审慎制定宪法规则。

经济和社会秩序是建立在规则和制度的基础上的，秩序政策

① 直到大约1960年，哈耶克还是一个倾向“结构主义”自由党派人士，并因此表现出对德国秩序自由主义的明显倾向。而到了20世纪七八十年代，哈耶克的理论有所转变，开始反对所有加剧的干涉主义。上述经历并未妨碍他在《法律、立法与自由》（1979）中提出自由立宪模式。

（德语：Ordnungspolitik）是一项以法律和体制框架为核心的政策，也可以称为“制度政策”。如果一个国家在保护产权方面作用有限，那么自由竞争就无法自发进行，也无法自行发展。在放任自流的情况下，自由竞争终将为垄断力量和利益集团所侵蚀。保障自由竞争的建立并维护自由竞争应该是国家的职责①。

三、基本规则和监管规则

欧根眼里的恰当形式的经济贸易秩序不是自发形成的，而是必须由法治国家制定并保护的。必须在一系列不同层次规则的基础上建立“秩序政策”，从而将基本规则和监管规则区别开来。“基本规则指的是经济法规规则。它们在具体历史背景下，通过创造该系统发展所需的条件，生成一套确定的、细致的经济秩序（或系统）”（欧根，1952：289）。此类基本规则有：在固定规则的基础上，保证币值稳定的货币政策必须占首要地位；开放市场；私有制；合同自由；企业和家庭的（无限）责任以及经济政策的稳定性。而监管规则次于基本规则。监管政策包括：由独立的反垄断局打击垄断和卡特尔组织；实行累进税制以实现一定程度的再分配；矫正市场的负外部性以及管理劳动力市场。

德国“社会市场经济”学说（Soziale Marktwirtschaft，Müller - Armack）沿袭了秩序自由主义传统，同时也在广泛吸收其他再分配形式的基础上对其进行补充修正②。欧洲宪法条约草案（2004）结

① 瓦尔拉（Walras）也有过类似论断：“建立并保障社会经济自由竞争是立法的职责，该法律很复杂，并应该由国家制定。”（瓦尔拉，1898：476）

② 哈耶克自由主义理论反对使用“社会”这个“含糊的字眼”，认为后者造成了社会市场经济和“社会正义的幻象”两者的错误和混乱（哈耶克，1976）。

合了以盎格鲁—撒克逊（Anglo - Saxon）为主的当代经济新古典自由主义和社会市场经济（以及当时背景下的德国秩序自由主义）的影响。在范伯格（Vanberg，1994）这样的学者看来，弗赖堡学派在一定程度上是布坎南（Buchanan）经济宪法的前身，即在自由精神下，理性选择规则同样适用于宪法规则。

第四章

新制度经济学

第一节　威廉姆森（Williamson）和治理机制

奥利弗·威廉姆森（Oliver Williamson）是“新制度经济学”的创始人，从20世纪90年代开始，新制度经济学派试图将“制度具有重要作用”的观点与各种主流理论学派融合起来，包括运用一些经济分析工具，以及对一些基本经济理论做一定的调整。“新制度经济学”一词来源于奥利弗·威廉姆森的著作《市场和等级》（威廉姆森，1975：1），毫无疑问，这意味着新制度经济学与旧制度经济学之间存在一定的联系。但是威廉姆森对后者的批评与对新古典经济学一样多。[1]

---

① “旧制度经济学”是非理论甚至反理论的，这一观点在新兴经济学流派中占据了主导地位。科斯（Coase）认为，“新制度经济学”就是要作出如下区分：“旧制度经济学的代表人物康芒斯、米切尔等都是一些充满大智慧的人物，但是他们却是反理论的，他们留给后人的是一堆毫无理论价值的实际资料，很少有东西被继承下来。”（科斯，1998：72）

一、市场、企业和交易成本

新制度经济学重点介绍的一个概念是组织（即企业，或者是威廉姆森术语中的“阶层”）。科斯（Coase）在其一篇日后闻名的著作中论述了企业为何存在（1937），这种解释在传统经济学中非常缺乏。而实际上，这种解释在于阐述清楚“价格机制的运营成本”或者说是“市场运行的成本”。这些运营成本与制定适当价格和签署各种分包合同有关。当这些成本较高时，个体所有者将选择在企业工作，并自动服从企业的管理，而不是直接在市场上出售自己的服务或产品。如此一来，企业外的市场交易消失，取而代之的是企业家直接指挥生产（科斯，1937：388）。在这种情况下，企业代替了市场，并使价格决定和企业成本更加经济化。然而，随着公司规模的扩大，运营和管理成本随之增加，企业费用也会增加。

我们发现，威廉姆森提出和发展的交易成本概念，即把交易成本作为一个分析的基本单位，这一理念明显来源于康芒斯。主流资本主义制度学派考虑的是市场和阶层（包括公司和企业）[①]。除此之外，威廉姆森还考虑了维系企业家之间持久关系的混合模式，即多种关系合同（如分包、合作和多种形式联盟）（威廉姆森，1975）。[②]问题的关键在于企业是如何进行选择的：各种类型的交易是否需要通过市场或者阶层才能实现？这些制度组织能否替代治理结构？

---

① 科斯自己写到，位于经济学家著作核心部分的制度是“公司和市场”，它们组成了经济系统的制度性结构（科斯，1988：5）。

② 在威廉姆森（Williamson）后来的表述中，他在三种结构中补充了官僚体系，即他所指的“规制制度（包括市场、混合形式、企业和官僚组织）”（威廉姆森，1998：75）。这样他更接近非正统经济学，他认为资本主义是综合市场、组织、网络和国家的复合模型。

二、不同治理模式的相对效率

我们发现，对制度的分析主要集中在微观或者中观经济层面上，并以此分析不同组织形式在市场中的相对效率（静态）。这被看做是研究“制度安排”的问题，而研究涉及的“制度环境”则更为广泛，例如可能包括习俗、法律和政策等范畴。制度经济学理论研究的核心是“组织”（Organization）。尽管市场本身也被描述成一种制度，但对它的分析还有待深入。

威廉姆森在科斯首先提出的企业存在性问题的基础上做了更进一步的思考。威廉姆森的研究明确包含了对新古典经济学观点的批判，对其提出的一些假设进行了质疑。其观点大概可表述为：最初仅仅是有市场的存在，之后，由于交易成本的显现，企业逐步从市场中分离出来，并迅速扩展（威廉姆森，1975）。遗憾的是，交易成本概念没有被纳入新古典经济学的分析框架，它仅考虑了生产成本。威廉姆森同时从另外一个角度将自己与新古典学派区分开来，即有限理性（部分源自西蒙）和机会主义概念。他认为，“合约人”不同于“经济人”，因为前者为了维护自己的利益可以随时撒谎或者欺骗，加上“资产专有性”特征，这成为交易成本发生变化的重要因素。这些假设也是有别于新古典经济学假设的。

新古典经济学中被保留下来的假设是有关效率的研究方法：“交易成本经济学保留了可辩解的推定，即组织的等级主要产生于交易成本经济化的服务中”（威廉姆森，1985：387）。于是，威廉姆森明确排除了从权力角度解释阶层理论，比如马格林（Marglin）的激进政治经济学。

与早期的通过引入阶级利益、技术或者垄断势力来解释资本主义经济制度的理论不同，交易成本研究方法认为制度是有其主要目的，并且具有使交易成本经济化的功能。

（威廉姆森，1985：1）

特别值得指出的是，作者保留了西蒙模型中关于有限理性的假定，包括对代理人收集信息和处理信息的假定。他质疑的是新古典经济学用满意程度来表示效用最大化的假设。显然，从广义的角度看，交易成本最小化和最大化在逻辑上是一致的，这在经济理论中很明确。

从20世纪90年代开始，相当数量的关于交易成本的著作，在威廉姆森的新制度经济学（NIE）之后发展起来。

三、新制度经济学所处的位置

在一篇综述性文献中，威廉姆森（2000）将新制度经济学划分为交易成本理论和产权经济学两个层次，并置于新古典经济学和“社会理论”之间。前者是研究连续频繁的市场交易行为，后者则在一个极其漫长的期限内（几百年甚至几千年）显得更为有效。表4-1显示，交易成本理论比较接近新古典经济学，而产权经济学则被认为比较接近社会理论。诺斯（North）的相关理论（如下文）并没有直接列入这一图表之中，不过，从逻辑上看，它介于第一层次和第二层次之间。除需要一段相当长时期的制度演化外，从某种程度上可以说，诺斯的相关理论与新古典理论间的距离超过了交易成本理论与新古典理论间的距离。

表 4-1 威廉姆森对制度经济学不同理论的分析（2000）

理论	层次	频率（年）	推断
L.1 社会理论	嵌入性：习俗、传统、规范、宗教等非正式制度	100 至 1 000	通常不需要计算，给定的
L.2 产权经济学/积极的政治理论	制度环境：博弈规则—尤其是产权（宪政、法律和官僚体系）	10 至 100	给出合适的制度环境，一阶条件下最优化
L.3 交易成本经济学	治理制度：游戏规则—尤其是合同（调整交易的治理结构）	1 至 10	给出合适的治理结构，二阶条件下最优化
L.4 新古典经济学/委托代理理论	资源配置和雇佣关系（价格与数量；激励相容）	一直持续	给出边际条件，三阶条件下最优化

注："最优化"实际是指效率和"计算方便"，作者按是否适用于（正式的）制度环境、治理结构（制度安排）以及边际条件，将"最优化"区分为三个层次。

频率指的是制度变迁时间。

威廉姆森提出的第一层次变迁是给定的，第二至第四层次变迁是人为推动的结果（按门格尔的说法，第一层次是根本的，而其他三个是可实证的）。

第二节 诺斯（North）：正式和非正式制度

道格拉斯·诺斯（Douglass North）是极具影响力的新制度经济学（NIE）代表人物之一。作为一位经济史学家，从十分激进的新古典立场转变而来，确立了对历史的定量分析法（即计量历史学"Cliometrics"），并构建了基于效率和个人理性最优化的推理方法。然而，后来他意识到制度的重要性，逐渐远离新古典经济学派的传统理论，甚至对其局限性提出了批判。这一转变使他在 20 世纪 90 年代提出并发展出制度经济学理论的基础，并与容易混淆的非正式制度经济学理论和概念明确区分开来。以下是诺斯的相关著作：

诺斯有关制度的著作

《制度变迁和美国经济增长》，1971.

《西方世界的兴起：新经济史》（与托马斯合著），1973.

《经济史中的结构与变迁》，1981.

《制度、制度变迁和经济绩效》，1990.

《理解经济变迁的过程》，2005.

一、新古典经济学的局限

在新古典经济学理论方面，诺斯极力坚持以下观点：稀缺性假设及由此产生的竞争、约束条件下的选择行为、微观经济学理论（包括价格理论）以及相对价格的影响。在他看来，新古典经济学中存在的主要错误是以下几点：忽略了制度和时间、没有考虑到交易成本、将涉及经济的政治规则的作用等同于思维和意识形态的作用、对理性的假定也是必须要放弃的（诺斯，1994）。在评析郝伯特·西蒙（Herbert Simon）的理论时，诺斯强调：个人知识和个人获得信息能力的有限性，会引起经济和政治决策中的不确定性。然而，同威廉姆森一样，诺斯实际上倾向于坚持最大化决策的观点，即个体面对选择时以最大化为准则，反对西蒙提出的“满意”决策准则。[①]

① 西蒙（1987）认为，个人并不追求效用最大化目标。因为这需要对选择具有十分详尽的了解和具备处理相应信息的强大能力。另外，还需要有足够充分的时间来做选择。实际上，人们在追求目标过程中，有一个他们自己的满意水平，一旦达到，就会放弃继续选择其他选项。

二、正式和非正式制度及其实施

“制度是人为制定的约束，用于规范人们之间的相互行为，他们由正式约束（条例、法律、宪法）和非正式约束（行为准则、习俗、自我限定的行为准则）及其实施特征构成”（诺斯 1994：361）。这一定义中有几点值得强调：约束的概念、正式制度与非正式制度的区别，以及对于应用和完成方式（实施）的考量。诺斯用博弈规则来比喻制度，但是又有着与博弈理论不同的视角。

他在 1990 年的著作中不断强调信仰结构的作用。如果新古典经济学面临争议，其原因是“历史证明了，理念、意识形态、奇迹、教条以及偏见都是起作用的”（诺斯，1990：362）。意识形态和制度都可以看做是共享的心智模式的不同种类（登兹[①]和诺斯，1994：7）。在存在较大不确定性的情况下，个人面临选择时将经历一个在心智模式协助下的学习过程，个体之间由此产生的交流，将建立一个共享的心智模式，这将导致“在一个共同的进化体中，意识形态和制度的建立”（登兹和诺斯，1994：7）。读者重温维布伦学说（Veblenian thesis）时会发现，在这一理论中，制度就是“思想共享的习惯（登兹和诺斯，1994：20）”。

诺斯在对经济变迁的分析转向更加重要的认知途径时，[②] 与旧制度经济学有惊人的相似处，比如说，起源于学习和积累过程的规则是制度结构内生的，“许多理性选择的结果不是个人认知的结果，而是嵌入宏观社会和制度背景下的思维过程（诺斯，2005：24）”。

---

① 登兹，Denzan. 译者注。

② 他在诺贝尔获奖演说中，提到“制度性或认知性途径”（诺斯，1994：365）。

三、权力与效率

在诺斯的早期著作中，他采用新古典经济学的思想对制度进行界定，即制度是经济问题的有效解决途径。经历思想不断演化的过程之后，诺斯最终完全抛弃了这一定义，甚至完全颠覆了它。他声称，制度在现实中是基于权力的。“制度并不是必然和总是为了社会效率而创造的，实际上，至少那些正式的规则是用来保证在制定新规则时维护有讨价还价能力的人的利益”（诺斯，1994：360—362）。因此，我们可以找到接近效率的经济市场，但不可能找到政治市场。公共选择理论的影响是显而易见的，但诺斯批判公共选择理论却忽略了非正式制度。在诺斯的观念中，企业家和“当事人”总是效用和理性最大化的。[①]

关于效率的研究，诺斯将其细分为配置性效率和适应性效率。配置性效率来自以帕累托最优为基础的新古典传统经济学，而适应性效率是诺斯从演化经济学（内尔森，温特，帕利卡）中借用来的一个概念。他把这一概念用到了随时间而演化的经济规则上。换言之，他将其应用到一个宏观历史水平上：“在长期经济增长中起关键作用的是适应性效率而非配置性效率。成功的政治、经济系统使能够承受住冲击和变迁的灵活的制度结构得以发展，这也是演化的一部分。但是这些系统都是长期孕育的结果。我们并不知道如何在短期中创造适应性效率。”诺斯放弃了关于制度效率的理论并不意味着

① 在《经济史的结构与变迁》一书中，诺斯写道：“制度是一套规则、合规管理程序、道德和伦理的行为规范，用来约束追求财富和效用最大化人们行为的准则。”（诺斯，1981：202）诺斯放弃了关于制度效率的理论并不意味着他质疑行为最大化的观点，相反制约了他对有限理性理论的探索。

他质疑行为最大化的观点，相反制约了他对有限理性理论的探索。（诺斯，1994：367）

四、组织与制度

不同于传统制度经济学，诺斯强调区分制度和组织的重要性。“如果制度是博弈规则，那么组织和企业家就是博弈的参与者”（诺斯，1900：4—5）。规则确定了博弈规则，参与者要在遵守这些规则的前提下，运用策略、合作、能力以及采用各种公平或者策略性手段来获得博弈胜利。组织由有着共同目标的个人组成的团体构成，一般有政治组织、经济组织、社会组织和教育组织。他们都是通过学习形成的。

诺斯认为，组织和制度之间的相互作用十分重要。制度框架限定了被创造组织的类型及其演化方式，反过来，组织又是制度变迁的源泉。

> 当组织反映了制度矩阵所提供的机遇时，组织将形成。也就是说，如果制度框架奖励海盗，那么海盗组织就会存在，如果制度框架奖励生产性活动，那么从事生产的组织，比如公司，就会产生。[1]
>
> （诺斯，1994：361）

事实上，制度往往结合两种对立的激励面，问题是弄清楚历史和背景在衡量两种互相矛盾维度中的相对权重。制度框架是“一个制度的混合体，里面包括各种各样的制度，比如支持生产的、提供

① 反对意见认为，这不得不让人回想起由凡勃伦强调的掠夺性行为和生产性活动之间的冲突。

市场准入障碍的、鼓励限制垄断的、阻碍低成本信息流动的制度”（诺斯，1990：64）。因此，现存制度提供的激励和机遇将有利于现存的组织或企业，并创造新的组织。而这些组织反过来又会促使制度框架的演变，甚至试图改变原有的制度框架。最终的反馈机制将起着决定性的作用（诺斯，1990：7）。只有在组织和制度这两个层次间作出区分，才能理解这一点。

五、制度变迁

诺斯的制度理论具有融合多种理论的特征，因此，有时候其内在的一致性会受到影响。他总结的制度变迁的论点各种各样：有的是相对价格和偏好变动造成的，有的是组织和企业家的自我发现活动引起的，也有的是信念和心智模式演化造成的（这就是区别所在）。在所有情况下，主流学派中的制度变迁都是逐级和循序渐进的。彻底的大范围的变迁是极为罕见的，只存在于爆发战争、侵略、革命和自然灾害时。心智模式在很长时间内也同样遵守循序渐进的模式，在达尔文思想（Darwinian fashion）中，它是紧随重大变化之后的简要事件。这种进化方式被古尔德（Gould）和埃尔德雷奇（Eldredge）称为间断平衡论（登兹和诺斯，1994）。

表 4－2 制度变迁的因果顺序

心智模式和意识形态（信仰）
↓
政治和经济的制度框架
↓
激励结构
↓
组织
↓
政策
↓
绩效

资料来源：（登兹和诺斯，1994）；（诺斯，2005）

正式和非正式制度的变迁并不局限于同一时间框架内。正式制度可以很轻易地迅速变迁，甚至可能发生在一夜之间，但是非正式制度的变迁却是逐渐进行的。这就是为什么革命性的变化并不像它的支持者所希望的那样彻底，而且国家间正式制度的套用和模仿并不能达到期望的效果。

一些经济体采用另一个经济体的正式规则，却表现出完全不一样的经济绩效。这是因为他们有着不同的非正式习俗和实施方式。这意味着把成功的西方市场经济的政治和经济规则引入第三世界和东欧国家经济体并非是产生良好经济绩效的充分条件。

（诺斯，1994：366）

诺斯列举了一个历史事实：在19世纪，许多拉丁美洲国家借鉴美国宪法，并进行一定的修改，也有许多第三世界国家将成功的西方国家产权法直接引进。但是，这些稍有变化的正式条例不能与本国实施机制、非正式行为规则以及行为者主观心智模式相适应，因此就不能产生相同的经济绩效。同样的正式规则也就产生不同的结果。

六、制度矩阵和路径依赖

制度继承了特定国家与特定时期的历史，这就是制度矩阵。制度矩阵具有规模报酬递增的特点。它将决定组织和个人的动机，最终影响国民经济绩效。诺斯对比较不同经济体的长期经济增长问题十分感兴趣。就像现代史显示的那样，国家制度变迁的路径及其绩效是不相同的。这些路径具有路径依赖以及"自我锁定"[①] 现象，这是由于组织和制度之间复杂相互作用的结果。比如，相对低效的路径能在历史上持续相当长时间。在诺斯看来，这样的事例在历史上十分常见，而能持久累积增长的路径虽然有可能处于某种被"锁定"的状态中，但在历史上却是少见的（诺斯，1990：7—9）。经济轨迹会在历史所调节的网络外部性、组织学习过程和个人主观价值的作用下变得更加稳定。

七、制度和绩效

当制度矩阵（或制度改革）与中长期宏观经济绩效存在一定联

① 路径依赖（与规模报酬递增相联系）概念来自于布莱恩亚瑟（Brian Archur），锁定概念则来自于保罗·大卫（Pawl David）。虽然它们最初用来解释技术变革，但在诺斯的表述中，这些概念被用来理论化地描述制度变迁。由于政治组织在其中扮演了关键角色，后者的概念要更为复杂。

系的观点被当代制度主义者视为常见现象时，诺斯认为，是动机充当了制度和绩效间的主要中介。制度矩阵并不局限于经济制度，还包括了政治制度和法律制度。相互联系的正式和非正式制度（尤其是经济制度）构成的整个网络，限定了其朝着路径依赖的方向演化，并调节其对长期经济增长的绩效。

政治系统在博弈的正式经济规则建立以及控制层次上扮演了一个决定性的角色。界定了使用权、收益权和财产转让权的产权制度是整个经济正式制度的核心。政治系统对产权制度的明晰和保障成为西方繁荣的源头。所以诺斯将产权理论（Property Right Theory）作为一个中心理论加以吸纳。“那些获得有效制度的政体有动机来创造和实施有效率的产权”（诺斯，1990：140）。但应该注意，这一效率是配置性效率而非适应性效率。

在《经济史中的结构与变迁》（1981）一书中，诺斯对16世纪至18世纪时期的两组国家的经济发展轨迹进行了比较分析，一组是法国、西班牙和葡萄牙，另外一组是英国和荷兰。法国、西班牙这两个国家对收入的永久性需求使他们认同行会和公司垄断，并且凌驾于私人财权制度之上。其结果是法国出现经济停滞，而西班牙则出现经济倒退。相反地，在英国和荷兰，贸易阶级建立了一系列的制度进行产权保护，从而提供了有效的贸易激励机制，进而国家对待产权的不同态度将会传递至他们各自的殖民地。西班牙和葡萄牙占领了拉丁美洲后，殖民地被引入经济下滑的轨道，而英国在北美殖民地却出现了持续的增长。

这种截然相反的情况在历史以及当代都是重复出现的，并且在苏联的灾难性事件中到达了顶峰。

像荷兰那样经济制度提供了制度性的激励来支持生产活动时，就会出现经济增长。而在经济特权和垄断特权的政治集中控制下，没有生产动力，经济就会下滑。失败案例远远超过了成功案例。经济增长现象极其少见，而萧条和下滑却成为常态，这是人类组织中倾向失败的永久性趋势的反映。

（诺斯，2005：134—135）

第三节　博弈论与比较制度分析

制度分析（主流经济学发现的或者说是重新发现的路径之一）近年来贯穿于博弈论中。最初，这种理论是一种经济学标准范式。因为它假定参与者是理性的、功利主义的和追求利益最大化的，并在个体主义方法论框架下展开分析，具有无历史记载和脱离语境情境的特征。由于构成博弈的“规则”从一开始就被给定：它们成为外生变量。

然而，由于将协作或合作视为主题和中心（例如经典的囚徒困境模型），以及考虑重复博弈情况，这意味着，在一个演化进程中，博弈论和制度分析在很大程度上是联系在一起的［瓦利泽尔（Walliser），1989］。人们也逐渐接受将制度类比于博弈规则。[1] 当某些博弈重复发生时，参与者试图形成新的潜在规则（经验法则）、规则、

① 哈耶克的《致命的自负》（1988）中有一个名为“玩，规则的学校”的附件，其中他描述道：一个游戏是一个清晰的实例，它包含着追求不同甚至相反的目标的各元素在整体秩序下对相同规则服从的整个过程（哈耶克，1988：154）。

惯例和被社会认同的代代传承的制度。这种制度因此发送了其他参与人预期行为的信息［斯科特（Schotter），1981：109］。

但是，这些理论存在一个较大的困境，因为博弈的最初规则没有任何解释就被给定了，并在进化过程或学习中产生新的规则。因此，制度起源的解释将陷入循环推理之中［费尔德（Field），1994］，在没有阶层或者历史规则时，只能引入超级博弈或者零和博弈，但这也仅仅转换了问题而没有解决问题。

尽管如此，博弈论仍然试图对基于新古典理论发展起来的新制度经济学某些思潮施加影响，并且随着它对自身的某些假定的改变、延伸和批判而停滞不前。该理论始于一个必要的逻辑思考，目的在于解释某些既定的经济状况，它甚至有时候可以应用到历史过程或者制度分析。这样的例子就是由青木昌彦（Aoki）和格雷夫（Greif）详细阐述的“比较制度分析”。它主要用于比较国家的历史制度或者体制。尽管它与诺斯的主题接近，但由于运用了博弈论而有所不同。

一、青木昌彦（Aoki）：作为共有信念的制度

青木昌彦（Masahiko Aoki）的理论建立在制度是博弈均衡的概念基础上。[①] 博弈论视野下的三种制度观：将制度视为博弈参与人（大组织）；将制度视为博弈规则（诺斯和赫维茨[②]）；以及将制度视为博弈的均衡策略或者结果（斯科特，格雷夫，青木昌彦）。在青木昌彦看来，将制度看作一种均衡的优势在于它使得制度具有内生性，

① 在博弈论中，纳什均衡被定义为：在其他成员保持原有策略（不进行合作）情况下，没有任何一名成员可以通过改变自己的行为而改善处境。在新古典主义的某些方面，这一概念，连同帕累托最优，取代了瓦尔拉斯的一般均衡。

② 赫维茨，Hurwicz. 译者注。

从而有可能对其起源和实施进行分析。然而，费尔德（1979）指出，脱离制度和仅包含纯技术规则的博弈模型是难以想象的。事实上，不管是明确的还是暗含着的，任何博弈模型都假定早已存在一些人类制度。因此，青木昌彦承认，除了博弈论为制度分析提供基础之外，历史和比较分析得到的信息也是必要的补充。

> 制度是具有共同信念的博弈方如何进行博弈的一个自我维系系统。制度的本质是对均衡博弈路径和固定特征的一种浓缩性代表，该表征被相关领域几乎所有参与人感知，认为是与他们的策略性决策相关的。于是，制度就以一种自我实施的方式制约着参与人策略性互动，并反过来被他们在连续变化的环境下实际决策中创造出来。
>
> （青木昌彦，2001：26）

多重均衡在先验上是可能存在的。因此，青木昌彦定义了作为“共有信念”的制度的几种特征：

（1）制度是内生的，起源于产生稳定均衡的参与人之间的相互作用；

（2）制度代表了信息的浓缩；

（3）对不断变化的环境具有刚性；

（4）对几乎所有参与人具有普遍相关性；

（5）在经济和社会领域中存在制度的多样性。

一种均衡状态可能成为一种制度，可能表现为明确的、法典的具体形式。但只有参与人都相信这一点时，这种法典的形式才具有制度特征。例如，成文法和法规如果没人遵守的话就不构成制度。举例来说，政府根据某项法令禁止进口某些物品，但如果人们相信贿赂海关官员绕开此项法令是有效率的话，并且这是一种普遍现象，那么与其将这项法令视为制度，还不如将这种贿赂现象视为制度更合适（青木昌彦，2003：13）。

在《比较制度分析》一书中，青木昌彦列举了大量不同国家的历史的和当代的例子加以验证，例如，硅谷模式、日本的主银行制。他坚持在一个国家或者一个经济体的给定领域内的“制度互补性”：如果相同领域或者经济体内存在一种特殊的机制，即制度那么交易（产权）治理机制的效率（或存在）会直接或者间接地被强化。然而，互补性并不意味着制度安排的最优化，就如在截然不同的制度情况下不一定存在最优化选择。

在青木昌彦看来，就像当代制度经济学存在许多代表学派一样，制度多样性也不会随着全球化浪潮而消失。另外，这种多样性尽管与达到我们理想中的绩效有很大的差距，但它是有益的。因为不同制度以竞争或者互补的方式相互作用，国家制度将逐步适应全球化和技术性的变化，但这种适应将具有路径依赖性特征。

我们将看到全球性制度安排的双重趋势：一方面是跨国制度的重要性在上升；另一方面是地域性、国家和地方制度多样性的持续演化。我们相信，正是这种制度多样性导致世界经济更具抵御意外冲击的耐久能力和对变动环境作出创新性适应的能力。

（青木昌彦，2001：393）

表4－3　制度互补性模式

域 模式	公司治理结构	金融制度	劳工与雇佣制度	产品市场/产业制度	供应关系	社会嵌入/规范/价值	国家
W（瓦尔拉斯） HM（哈特和穆尔）	企业家控制所有者控制	拍卖人				功利主义	自由主义
		活跃的资本市场	效率工资		互补性物质资产的整合		
A（美国）	经营者控制	证券化（公司控制的市场）	雇佣官僚制/控制就业的工会主义	受规制的寡头竞争	垂直整合	各种共同体	代议制民主主义
D（德国）	共同决策	全能银行	公司主义的规则	贸易协会发挥作用	自治的供应商	产业市民权	社会契约的工团主义
J（日本）	相机性治理	主银行制度	全公司的人事管理	行业协会	供应商集团	社会地位的阶层化	官僚制多元主义
SV（硅谷）	VC－联赛式治理	风险资本阶段－融资，IPO市场	新成立企业的短命造成高流动性	集群的，标准设定的协会	创新企业	专业共同体，企业家的竞争	友善对待创业企业家
GL（跨国公司）	市场监督	全球公司资产市场	跨国竞争	战略联盟，电子商务	A&D，b2b，电子商务	多样化的非政府组织	多层结构

为了强调互补性，青木昌彦列举了三组制度安排模式（表4－3）。第一组包括了两种纯理论模式——瓦尔拉斯新古典模式（W）和由格罗斯曼（Grossman）、哈特（Hart）和穆尔（Moore）提出的产权模式（HM），他们构成分析制度互补性的一项理论基础。第二组是从一些发达国家如美国（A）、德国（D）和日本（J）在信息技术革命

（ICT）之前的典型化事实中抽象出来的代表性制度模式。第三组模式包括在信息技术革命年代出现的硅谷（SV）和全球（跨国公司）（GL）两种制度模式。

二、格雷夫和规则、信念与组织的结合体

艾维纳·格雷夫（Avner Greif）是比较历史制度分析的推崇者。他认为比较历史制度分析弥补了旧制度经济学和以构建制度为主的新制度经济学两者在进化视角之间的空白[①]（格雷夫，2006：153）。

他自己特别感兴趣的是有关制度不依赖外界影响的自发结果和自我实施。他提出了一种考虑历史过程而且融合了博弈论研究与经验的、历史的和比较的分析方法。格雷夫对具有个人主义的热那亚商人和具有集体主义的马格里布商人（伊斯兰世界中的犹太人）进行了比较，这两个团体在11世纪和12世纪都活跃在地中海区域的贸易活动之中。后者为了确保集体行动形成了通信网络，然而，这种形式限制了他们与不同族类的商人之间的交易联系。而热那亚商人却建立起了在限制通信水平上的双边控制机制，从而产生了用于管理和裁定已经建立起的协议的正式政治的组织，这种控制机制被表明更有利于贸易扩张。最终，格雷夫注意到：热那亚商人不但取代了马格里布商人，在当今发展中国家中，还存在着与后者类似的社会组织。而前者的社会组织则类似于已在西方历史上占主导地位的制度。这些就意味着文化价值影响制度及其绩效（格雷夫，

① 作者认为这些后来发展的理论属于实用主义，因为它们假设制度是由对未来具有特定规划（比如，降低不确定性、最大化集体利益、最小化交易成本）的个人主观建立起来的。因此，实用主义的分析只有在能够提供一个制度起源和它的假设性后果相联系的运行机制时，才具有可信度。

1994a，1994b）。

与诺斯的观点不同，格雷夫提出了一个综合性的制度定义，即制度是包含了规则、信念和组织的“系统”。

制度是共同作用于行为秩序的各种各样的社会因素结合在一起的系统。该系统的每一组成部分皆为人为的非物质因素，对每一个人来说，这些要素外生地影响着他们的行为。构成一种制度的各种各样的社会因素（特别是规制、信念、规范和组织）激励、驱使和引导个体去追随在社会状况中可行的技术与行为。

（格雷夫，2006：383）

几个关于综合愿景的例子见表4－4：

表4－4　作为系统的制度

规则	组织	信念和内化的规范	隐含的行为秩序
交通规则	交通管理部门和执法官员	有关其他驾驶员和执法官员以特定方式采取行为的信念	按规则行驶
控制贿赂的规则（包括贿赂金额、贿赂方式以及贿赂的目的）	国家行政部门、警察、法庭	有关国家、警察和法庭对贿赂行为反应的信念；有关贿赂可以用最低成本换取利益的信念	腐败
有关信用卡使用和起诉欠款人的规则	信用卡公司和司法机关	对信用卡公司有能力监控持卡人、施加法律惩罚、让欠款人的信用记录受损的信念	卖方和持卡人之间不使用现金的非人格化交易

（续上表）

规则	组织	信念和内化的规范	隐含的行为秩序
与成员资格和成员、非成员行为有关的规则	纽约的犹太商人社群	在社群成员中惩罚行骗者使之无利可图的能力和激励的信念	不依赖于法律合同的交易
禁止砍伐森林的行为规则	无	有关森林之神会采取报复行动的内化信念	不砍伐森林
美国的奴隶合法化和控制奴隶的规则	南部白人社区、州和联邦立法者，以及南部的司法机关	证明奴隶制合理的内化规范；其他白人、非洲裔美国人和司法机关特定行为的信念	奴隶制

资料来源：（格雷夫，2006：38）

第五章

当代欧洲思潮

第一节　规制理论：宏观经济学说史

诞生于20世纪70年代的法国“规制”学派，其理论属于非正统理论思潮，但可归入制度主义学派范畴。

下面是当前代表该思潮的一些主要刊物：

1. M. Aglietta，《资本主义制度与危机》，巴黎：Calman – Lévy出版社，1976.

（《基于美国经验的资本主义制度研究》，伦敦：Verso出版社，2001.）

2. R. Boyer，J. Mistral，《积累、通货膨胀与危机》，巴黎：PUF出版社，1978（第二版，1983）.

3. A. Lipietz，《危机与通货膨胀——什么是它们产生的原因?》，巴黎：La Découverte出版社，1979.

4. R. Delorme，C. André，《政府与经济：1870—1980年期间法

国各类出版物试图对此关系做的各种解释》，巴黎：Seuil 出版社，1983.

5. A. Lipietz，《世界正在心碎：通货膨胀在飞涨》，巴黎：La Découverte 出版社，1983.

（《世界正在心碎：通货膨胀，信用与世界经济危机》，伦敦：Verso Books 出版社，1985.）

6. R. Boyer，《制度经济学理论评价与批判》，巴黎：La Découverte 出版社，1986.

（《制度经济学派》，纽约：哥伦比亚大学出版社，1990.）

7. B. Coriat，《对制度学派的逆向思考》，巴黎：Christian Bourgois 出版社，1991.

8. B. Théret，《政治经济学的秩序：政府规制理论》，巴黎：PUF 出版社，1992.

9. R. Boyer，Y. Saillard（eds），《政府应该掌握的规制理论》，巴黎：La Découverte 出版社，1995（第二版，2002）.

（《规制理论：政府的技巧》，伦敦：Routledge 出版社，2002.）

10. F. Lordon，《政治经济学无法解决的问题》，巴黎：Albin Michel 出版社，1997.

11. B. Billaudot，《规制与思考：宏观经济学的历史与制度》，巴黎：L' Harmattan 出版社，2001.

12. B. Amable，《多元化的现代资本主义》，牛津：牛津大学出版社，2003.

13. M. Aglietta，A. Rebérioux，《资本主义财政的失控》，巴黎：Albin Michel 出版社，2004.

（《合作管理的目标：对股权价值的评判》，Aldershot：Edward Elgar 出版社，2005.）

14. R. Boyer，《规制理论基础：第一部》，巴黎：La Découverte 出版社，2004a.

15. R. Boyer，《资本主义制度在理论上可行吗?》，巴黎：Odile Jacob 出版社，2004b.

16. B. Coriat，P. Petit，G. Schmeder（eds），《政府面临的困难：现代资本主义发展途径》，Cheltenham：Edward Elgar 出版社，2006.

一、历史上资本主义的制度形式

规制理论保留了马克思主义对资本主义的传统诠释，即作为一种生产方式，资本主义的建立是基于两种基本关系①：一是商品生产者间通过劳动分工确立的互相分离却又相互依赖的交换关系；二是工资与劳动的关系或资本与劳动的关系。然而，规制理论否定了对生产方式内在规律的论断，或称生产方式的必然趋势，例如利润率的下降趋势，这使它偏离了传统。正如马克思所强调的，资本主义体系的动力在于资本积累，但这种积累会随不同历史情况出现不同模式，无法预见其结果，也不能前承一些必经阶段。这类“积累体制”具体来说是基于历史的制度配置，而制度配置取决于不同时期所采取的国家经济形态，国家经济形态则由上述两种基本关系所决定。基于历史经验分析国家制度时，可采用五种“制度形式”的结

① 从历史上看，马克思可以被称做制度学派的一员，因为“制度”概念以更原始的“关系”这一说法出现在马克思的理论中。他认为在资本主义制度中占据主导地位的就是“资本”（即资本关系），这种资本关系是以交换关系及工资劳动关系为基础的（夏旺斯，1996）。

构。这五种形式是相互依存的，它们既基于国家原有制度框架，有时又会受到外国因素的影响，与其相伴随的还有由其国家政治历史决定的社会矛盾和妥协。

根据上述分析，制度可以被理解为处于“中间”层面。“中间”有双重含义。第一，它是指居于上述两个基本抽象关系之间，是历史上所有资本主义经济体所共有的“中间层面”，以及某一国家在某一特定时间由经济关系决定所采取的具体形式。换句话说，它是在五个领域分析中所得出的相互依存的制度分组的程式化代表，能广泛代表一个国家的经济体制；第二，它指一个居于长期历史和即时情况的中间水平：资本积累体制和规制模式一般超过几十年仍然有效力。因此，我们现在拥有的是一个历史演进性的制度经济模式，它证实了从19世纪至今的资本主义国家形式进化的多样性和重要的比较尺度的多样化。

对规制理论的第二个影响是凯恩斯主义的宏观经济学，更精确地说，是后凯恩斯主义学派（拉沃耶，2006），该学派尝试结合凯恩斯学说和马克思主义理论。因此，它在解决资本积累问题时通常与收入分配联系起来，特别是涉及利润和工资的关系以及调整全球供需关系的问题。从而可以通过具体的“积累体制”和“规制方式”在资源配置和增长的既定方式间找到直接联系。积累体制相当于一种常规增长的模式，而规制方式代表了一些程序和社会行为，这些程序和社会行为“支持和引导”该体制并“确保一系列分散的决策在一段时间内具有兼容性，不需要经济行为者把管制整个系统的调整原则内在化”（博叶，1990：19）。

按照这种观点，“福特主义”（形成于20世纪50年代至70年代早期发达国家快速和稳定发展的特殊时期）的积累体制，正是基于一系列以国家为中心的独特的制度形式而形成的。这些制度形式包括：以信用为基础的货币体制；有后泰勒式（Post-Taylorian）组织工作为特点的雇佣劳动制度；共享生产率收益和扩大大众消费；寡头垄断的竞争形式；建立有根深蒂固的福利制度的国家。

在各种研究制度主义和经济增长模式之间的联系的理论中（例如道格拉斯·诺斯的新制度经济学），规制学派的研究在同行中独占鳌头（博叶，2004a；帕蒂，2005）。

规制主义学者采取的是顺应新古典主义传统的明确批判态度，他们逐渐远离德国历史学派和美国制度主义学派，试图逃避主流经济学家对他们的传统（和有争论）的批判，也就是说他们采取的做法是试图构建一种不带任何真正理论基础的描述性的社会学史①。然而，这股思潮公然“融合理论和历史”的野心（尤其在年鉴学派的著作中体现出来）仍然是延续了历史学派的发展路径。它与奥地利传统是没有明显联系的，因为奥地利传统极力主张经济自由主义。

表 5－1　国家经济形态中的五种制度形式

1. 货币约束形式（货币和金融体制）
2. 雇佣劳动关系的配置（工作组织，技术层级，流动性和工人对企业的忠诚度，直接和间接的工资所得构成，工人的生活方式）
3. 竞争形式（例如竞争性的，或是垄断性的，或是受到管制的竞争制度）
4. 与国际制度的相融形式

① 然而，特瑞特（2001）却特别强调了旧制度经济学派（康芒斯制度经济学）和规制学派的亲缘相似性。无论是在社会科学、经济学、社会学或者政治科学的层面，特瑞特（2000）都认为当代制度学者的各种思想实际上是向旧制度学说的回归（又称为“康芒斯主义收敛”）。

（续上表）

5. 国家形式（例如受宪法限制的国家，嵌入式国家）
这些形式可理解为资本主义两个基本关系的历史“汇编”（1、3 和 4 构成交换关系的汇编，2 代表雇佣劳动关系的汇编，5 是关于交换和雇佣劳动关系两者带来的重要性的汇编）。

资料来源：（博叶和赛尔拉德，2002）；（比尔拉都，2001）；（博叶，2004a）

二、制度和制度化的妥协

从中观经济和中观历史层面看，制度本质上表现为冲突的社会团体间的“制度化妥协”，有别于“由公共权力构建的专制制度化”（德洛梅和安德，1983）。因此新制度的出现通常会引发危机、冲突或战争。它通常出现在单一民族国家的体系中，因为政治领域仍然是相关妥协形成和合法化（或争论）的关键①。应当承认，外国制度或组织形式的影响或引入还是存在的，但是这些制度或组织形式通常会受到原有国家制度的制约而变换形式。这个过程可称为各种制度和机构的混合体（博叶，2004b：197）。我们可以回顾凡勃伦或诺斯的制度主义文章，并且从中可以找到这样的例子。

三、资本主义的多样性，互补性和等级性

受到米歇尔·艾伯特（Michel Albert，1993）近期作品的启发，在制度经济学领域出现了大量深度比较分析各种资本主义国家形式的文章（已有的此类文本包括马克思的著作，德国历史学派的著作，凡勃伦的著作，以及更近期如诺斯的著作），这种比较主要针对的是

① 康芒斯曾经指出：美国就是其社会各阶层的各种制度化妥协的集合体。各个阶层都通过各种私人产权制度来保证其对于社会内的各个强力要素的控制权（康芒斯，1899—1900：100）。

当代的全球化、趋同性以及美国模式的影响等产生的各种争论（博格和杜荷，1996；柯灵斯沃弗和博叶，1997；青木昌彦，2001；霍尔和索斯卡斯，2001；科奇，2005）。而这些研究则尝试用二元的观点看待问题。例如，艾伯特（Albert）比较了德国的莱茵模型和英国的盎格鲁撒克逊模型；霍尔（Hall）和索斯卡斯（Soskice）比较了自由市场经济和协同市场经济。其他作者则根据已有的比较目的，提出了更大范围的历史或当代模型。这就是规制学派研究人员的真实现状。

在《当代资本主义的多样性》一书中，布雷诺·阿玛布尔（Bruno Amable）强调，正是由于制度存在互补性和层级性，才能解释资本主义的多样性（阿玛布尔，2003：13）。互补性的概念（与青木昌彦提出的意思相近）意指“一个地区出现的制度或采用的特殊制度形式可以强化另一个地区制度的存在、作用或效率”（阿玛布尔，2003：60）。然而，这种互补性可能具有偶然性和相对临时性的特征。等级性意指一种或多种制度在一个特定历史配置中起特定角色[①]。在此基础上，阿玛布尔区分了五种当代资本主义类型（或者是五种理想的类型）：以市场为基础的资本主义、社会民主资本主义、亚洲资本主义、欧陆资本主义、南欧资本主义。每种类型都包括了几个国家实例。

① 因此，在福特主义中，工资劳动关系起到的就是等级性的作用，因为其来源于“二战”后的各种制度妥协。在20世纪80年代，这种等级制度被货币与金融制度所取代，货币与金融制度开始主宰其他领域的一系列新发展（博叶和赛尔拉德，2002：339）。帕蒂（2006）指出，在后福特主义等级与当代新自由主义的广泛合作中，竞争关系取代了工资劳动关系。

四、危机

规制理论的独创性体现在坚持危机理论的重要性和提倡对资本主义危机进行分类，例如，出现在特定规制模式框架中的轻微的危机，往往在制度内部可以解决；而大范围的危机或结构性危机，必须通过制度模式发生重大变更才得以解决。对危机的分类还可以更加完善，即不考虑外生原因，按危机严重程度从低到高分等级：特定规制模式中的周期性危机，规制模式的危机，积累体制的危机，生产模式的危机（博叶，1990）。从中期历史看，我们应该关注制度、增长模式和危机类型之间的复杂作用。

而在制度框架和经济增长模式间存在累积的因果关系。这种关系显示了制度化的妥协如何决定积累体制的进程，起初主要泛泛而为，而后则明确且具体，最终以大众消费的形式进行加强，例如福特主义（Fordism）。其反向关系也值得研究：经济转变决定制度。克服结构危机通常是在减少以前的不平衡和应对这种不平衡现象已经引起的社会矛盾，在这种双重约束下，通过重构制度形式而实现的。

（博叶，2004b：27）

从宏观和中观历史层面考虑，制度转变的结果，是对特定制度结构中的紧张冲突作的最后结果，这种制度重新配置的产生，是由于经济危机的形势和由此产生的冲突带来的直接后果，或者源于各种权力之间的平衡被逐渐更替的结果。

诺斯新制度经济学在实践中将“绩效”的含义简化为一个经济体的长期增长。而结合绩效概念，规制学派研究的关键问题就表现为关于制度配置的“可行性”，可行性表示其战胜危机的相对能力——这里强调的是它的极端多样性。这种可行性必然受限于一个特定的历史时期，并可能由于出现结构危机而迟早受到质疑。按照这些解释，内部代谢作用（Endometabolism）（伦顿，1994），或称“源于自身内部动态的发展模式转变”，构成制度变化的重要来源；“随着观测的时间段不断扩展，这种说法变得尤其可信”（博叶，2004b：197）。

第二节　惯例经济学：解读其规则

惯例经济学是法国制度主义学派中的一种，它介于经济学和社会学之间，于20世纪80年代开始发展壮大。它发展的一套规则理论应该归属于制度主义概念范畴。

惯例主义经济学家一开始的做法是反思哲学家大卫·刘易斯（David Lewis）的著作《惯例》（1969）和凯恩斯关于惯例在以激进不确定性为特点的经济体中的角色的观点，但在一定程度上他们又偏离了博弈论，他们不仅脱离了标准理论（新古典主义），也脱离了“扩展的标准理论”，其中特别包括威廉姆森提出的新制度经济学。新制度经济学沿用了赫伯特·西蒙关于“有限理性”理念的减缩版本，同时保留优化个体的假设（法耶罗，1989）。其实西蒙的“程序性理性”更适合保留下来，因为它含有诉诸行动规则的含义。然而，惯例经济学为了与非正统的制度主义形式的集体主义形式相区分，保留了方法论上的个体主义特色。惯例经济学仍保持以“微观”为主导地位，特别是体现在对组织的研究兴趣上，而其他学派主要以“宏观”为主，尽管如此，他们都还是一致认可一个原则，即与个人主义和集体主义的方法论相对立的简化主义原则[①]。

下面是法国惯例经济学的主要著作：

1. R. Salais，L. Thévenot（eds），《论劳动，市场，规则和惯例》，巴黎：经济学出版社，1986.

2. J. -P. Dupuy，F. Eymard-Duvernay，O. Favereau，A. Orlean，R. Salais，L. Thévenot，《惯例经济学》，经济学评论，第 40 期（2），1989.

3. L. Boltanski and L. Thévenot，《经济学价值的思辨》（法文版），巴黎：Gallimard 出版社，1991.

[《经济学价值的思辨》（英文版），普林斯顿：普林斯顿大学出版社，2006.]

4. B. Reynaud，《论工资，市场与规则》，巴黎：C. Bourgois 出版社，1992.

5. A. Orlean（ed.），《管理经济学分析》，巴黎：PUF 出版社，1994（第二版），2004（最后版）.

6. R. Salais，M. Storper，《生产劳动：经济学运营的物质基础》，剑桥：MA.，哈佛大学出版社，1997.

---

① 规制学派的学者曾经创造了一个复合词汇“集体个人主义”，他们把由个人行为所产生的宏观层面的制度和由现存制度决定的微观层面的个人行为结合起来，并辨析了这两个层面的起始和变迁的不同时间轨迹（博叶和赛尔拉德，2002）。

7. R. Salais, E. Chatel and D. Rivaud - Danset (eds),《制度与惯例——在经济运营中的反应》，巴黎：Editions de l' EHESS 出版社，1998.

8. A. Orlean,《财政的权限与影响》，巴黎：Odile Jacob 出版社，1999.

9. L. Boltanski and E. Chiapello,《资本主义的新精神》（法文版），巴黎：Gallimard 出版社，1999.

[《资本主义的新精神》（英文版），伦敦：Verso 出版社，2007.]

10. P. Batifoulier (ed.),《惯例经济学理论》，巴黎：经济学出版社，2001.

11. B. Reynaud,《企业运营规则——宏观经济学与微观经济学分析》，Basingstoke and NY：Palgrave Macmillan 出版社，2002.

12. O. Favereau and E. Lazega (eds),《经济组织中的结构与惯例——市场，网络和等级制度》，Cheltenham：Edward Elgar 出版社，2002.

13. F. Eymard - Duvernay,《政治经济学与企业》，巴黎：La Découverte 出版社，2004.

14. F. Eymard - Duvernay (ed.),《惯例经济学》，巴黎：La Découverte 出版社，2006（第二卷）.

一、制度主义对惯例的解释

制度对惯例的理解，可以认为它包含一系列社会规则，由此让我们联想起诺斯的非正式制度主义的学说。惯例指的是“一种特殊类型的规则，具有任意性特点，大多时候与法律无关，目前还无法真正明确它的起源，它的成因可能模糊也可能准确，只是还没有被正式确定”（法耶罗，1999：166）。博弈论顺着刘易斯的思想轨迹，采用一种战略性方法来解释惯例，保留了相当多的理性成分（至少保留了有限理性），惯例学派也随之提出一种“解释性方法”，突出了惯例具有规范性、代表性，理性的本质及其重要性。（芭浦洛和拉丘尔，2001：22）

在此限制意义下（即狭义的惯例），正式规则例如法规，也就被排除在惯例之外。然而，广义惯例的覆盖范围相当大，当然也包括正式规则，这也说明狭义的惯例在起初的研究时，其概念并不完整。因此，惯例的规则不仅是社会总规则的一部分，而且必须和两个因素配合起作用：合同规则和约束规则，而这些规则源于法律体系。（贝克尔等，2001：213）

正统的经济学也承认，合同都是具有“不完整性”，因为它们无法正式和明确地涵盖在未来实施中所有可能出现的危险和想象到的危险。事实上，即使是一个组织的正式规则或成文的法律规则，也无法避免出现这种“不完整性”。因此，在任何规则的运作中，都会出现“惯例”层面，即使正式规则的运作也是如此，这已经超越了狭义界定的惯例规则范畴。

二、个体间的协调：不同范围的释义

博弈论使人们重新关注协调个人行动这个主题，但这次关注并非传统意义的个人或独立存在的企业，同时还关注技术或社会劳动分工之间的相互依赖，关注特定双方的互动（“博弈”），关注功利的理性与个体之间如何协调。惯例经济学扩展了协调的主题，在保留双方互动方法论的基础上还有更大扩展，即强调构成任何协调的基础的规则皆具有惯例含义，以及强调不在乎自身利益而关注行为合法性，关注个人在解释规则时所扮演的角色。

随着“经济学的认知转向”，制度主义研究方法开始重视个人关系和社会关系的协调。个人并非只会计算功利，而且也会把与他人协调和“共同利益”的规范纳入个人行为模式中。“共同利益”的性质在这里仍然会引起争议，因为它同时取决于行动范围、“城市类别”以及各种合法性原则。

三、价值经济学

在波尔坦斯基（Boltanski）和戴福诺（Thévenot）合著的《论辩护》（*De la justification*）一书中，作者区分了社会中出现的六种“城市”，并针对每种类别解释了什么是“对”的或合法的概念，以及评价构成个体“价值”的成分。在争论或争议过程中，每个个体都通过引用可理解为惯例的更高原则为自己的行为辩护。通过这种方式，在辩论或争论过程中就可能出现惯例的协调。“城市”并非活动的范围或领域：在单一的活动领域内，不同的辩护原则可能会自圆其说，也可能会自相矛盾，从而强调了可用惯例和基于合法性规则的协调形式的多样性。

在波尔坦斯基和夏佩罗合著的《新资本主义精神》（*Le nouvel esprit du capitalisme*）一书中，采用的方法从微观层面扩展至宏观层面，从更整体和历史的视角，将资本主义的精神和批判融入其中。该书根据法国经验，分析了从 20 世纪 70 年代开始出现的新城市类型，即“项目城市”。此概念与网络的含义相关，在网络内部，最高原则是能够管理或参与项目，管理者或项目领导是价值成为卓越成就的典型代名词，从而引发了新的争端、新的妥协和新的惯例。

表5－2 城市和价值

城市或领域	共同的更高原则	价值	有价值的人
有创见的城市	启发	非凡、天赋、创意	伟大的创造者
家庭式城市	传统、再生产	等级，优势	管理者、老板、父母
城市见解式	名誉	名望	明星、舆论领袖
市民城市	大众利益	依据共同利益行事	集体组织（政党、局）
交易城市	竞争	商品所有权、他人的需求	商人、销售人员、顾客、富人
工业化城市	效率、绩效	技术、操作方法的应用	技术人员、专家、有责任心的人民

资料来源：（波尔坦斯基和戴福诺，1991）

四、协调形式的多样性

制度主义思想家采用一个多元的方法，解决了个人行动协调的核心问题，虽然这个方法未被确切提到，但我们可以由此联想到康芒斯、波兰尼或经济社会学的方法。各种协调模式共存于企业的组织内部，或共存于全球经济中，从而我们可以理解为是对“均衡规则”的妥协。在下表，法弗罗（Farereau）和泰弗诺（Thevenot）（1996）对比了三种重要的协调模式的各个层面。

表 5-3 协调模式的主要分类明细表

协调模式	交易的城市	工业化城市	家庭式城市
评价法（价值）	价格	绩效、效率	名誉
共同目标	贸易商品	技术对象、方法、准则	特定资本、财产、习俗
基本关系	交易	功能性关联	信用
相关信息模式	货币	有记录，可度量和统计的数字	口头约定
（人的）承诺形式	合约（“现货”）	计划	承诺
（人的）等级划分	购买力	专业资格	权威
空间	不确定	笛卡儿坐标定位	两级定位
时间	无时间性	从现在到未来	从过去到现在
新目标的出现	协商	创新	学习

资料来源：（法弗罗和泰弗诺，1996）

第三节 霍奇逊（Hodgson）与“旧制度经济学”的复兴

从20世纪80年代末开始，特别是在20世纪90年代，出现了原有制度主义影响力的复兴，这种制度主义在20世纪50年代只不过作为一种边缘思潮开始存在[①]。这次复兴的出现有多方面原因，包括对主流经济学及其新古典核心的失望，尤其是涉及经济发展的多种

① 在经济学说史上，思潮和学派的兴衰轮回并不罕见，著名经济学家和学派的影响力常常在衰退与复兴中轮回。著名的例子包括20世纪40年代衰落而80年代得到全面复兴的经济自由学派，以及整整三十多年都被遗忘的熊彼特和哈耶克的思想。但是也有长盛不衰的学派，凯恩斯理论就曾在40年代到70年代风光无限，现在虽然也开始走下坡路了，但是其未来的复兴仍可期待。

问题，资本主义经济体的结构性改变和后社会主义转变，以及制度层面不断出现的问题。

英国经济学家杰费里·霍奇逊（Geoffery Hodgson）通过撰写著作和编辑书籍来传播他的思想，对制度主义发展与演化的历史发挥了积极作用。他自称是凡勃伦的追随者，强调制度经济学的历史影响，从广义上看，包括19世纪末以来无数理论家或知识思潮。

一些重要的出版物

霍奇逊编辑的书籍：

《经济学和生物学》，1993.

《制度经济学》，1993.

《Elgar 出版社的制度经济学演化的参考书》（第2册），1994.

《演化经济学的基石1890—1973》（第2册），1998.

《制度和演化经济学的当代读本：关键概念》，2002.

《制度经济学的近期发展》，2003.

霍奇逊所著的书籍：

《经济和制度，当代制度经济学的宣言》，1988.

《经济学和演化，把生命重新带回经济学框架中》，1993.

《经济学和乌托邦，为何学习经济不是历史的终结》，1999.

《演化和制度，关于演化的经济学和经济学的演化》，1999.

《经济学如何忘记历史，社会科学的历史明确性问题》，2001.

《制度经济学的演化，美国制度主义的媒介、结构和达尔文主义》，2004.

一、目前的现实与新情况

霍奇逊采取与凡勃伦一致的方法，认为可以把达尔文学说作为一种普遍的分析方法，使其应用范围大大超越了生物学本身。由于对社会达尔文主义的质疑，他们认为达尔文主义是一种种族主义，或是纳粹的理论。为此在很长一段时间内，引发了人们对引进生物学理论的过度猜疑。事实上，达尔文提出的三个主要原则：变异、遗传和选择，以及凡勃伦采用的“进化解释原理”，可以广泛应用在各种自然和社会现象中。当达尔文原则作为补充解释适用于各类学科领域时，我们应该认识到，这些原则和理论核心是具有普遍有效性的。所以，当我们对社会经济现象无法给出完整的解释时，“达尔文主义可以作为一种令人信服的理论，它是一种通用的理论，是各种特定理论的起源，它是内容丰富且可从中有选择性地类推的理论”(霍奇逊，2002：278)。演化思考在社会科学尤其是经济学领域中的复兴能够“把生命重新带回经济学框架中”，它的出现有双重含义，一是近代生物学在经济学中得到振兴和重新结合，二是不会使经济学陷入还原论的泥潭中。

在霍奇逊看来，凡勃伦的著作缺乏对两个相关主题关系的论述。任何自然界或现实社会的组织都存在“多等级”概念，霍奇逊把它称为“多元本体论”。例如，物理、分子、有机体、金属、个体、人类和社会等级都是承前启后而又相互依赖的。“每个事物都从属于某一等级，每个等级在允许范围内都具有一些自主性和稳定性”(霍奇逊，2004：32)。现实等级在上升至更高一层时出现“新情况”。这里的“新情况”指事物的新颖性。“如果一种属性出现由低等级向高等级上升，那么这种属性就可以称为新颖性，但是这种属性既不是原来意义上的低等级，也不是原来的低等级可以预见的”（霍奇逊，2004：32）。这种观点对制度经济学产生了深远的影响，因为制度经济学研究表明从其起源开始便具有明显的演化特点。这个特点影响了对制度主义进行实证验证和分析，也影响到直接把新古典“微观基础”还原为宏观经济学的基础。

二、制度演化研究的实例

鉴于杜克汉姆（Durkheim）把社会学定义为“制度科学”，霍奇逊提议通过创建一门专门研究经济和社会制度的学科，扩展经济学和社会学的学科领域。他把这门学科命名为“制度研究”（Thesmology，它的词根来源于希腊语 Thesmos，意指“制度”）。这门学科的目的是研究构成社会生活的制度元素的规则、准则和结构的性质、形成和演化（霍奇逊，2001：349）。其子学科包括政治制度研究、组织研究等。

霍奇逊像诺斯一样把制度定义为社会规则，然而与诺斯不同的是，他保留了原有制度主义的各种概念，包括按制度归类的组织类别。

制度是一套已确立并深入人心的社会规则和惯例的持久的体系。语言、货币、法律、权重与度量体系、餐桌礼仪、企业（和其他组织形式）都统称为制度。从某种程度上讲，制度具有持久性是因为它有助于人们对他人的行为作出可靠的预测。一般来说，制度通过对人类活动强加具体的模式和连贯性，使人类能进行有序的思考、预期和行动。制度依赖个体的思想和行为，但不会还原为个体的思想和行为。

（霍奇逊，2003：163）

就其本身而言，组织是一种特殊的制度形式，它包括以下三个方面：标准设置，从而定义组织的边界，区分成员和非成员；主权原则，明确控制权的归属；指挥系统，明确责任（霍奇逊，2006：8）。

三、向下的因果关系的重组

霍奇逊认为新制度经济学与新古典方法相似的地方在于错误地把个体所有者、个人偏好和欲望视为特定的①。相反，旧制度经济学的重要贡献是认为个体的相互作用能促使制度形成，制度则反过来影响个人的目标和偏好。“制度不仅取决于个体行动，还能约束和塑造个体行动，这种正回馈给制度带来更强大的自我强化和自我永存的特性”（霍奇逊，2003：163）。个人行为受制度的制约和促进，但制度也赋予了个人志向的各种发展形式并塑造个体发展新的志向。霍奇逊区分了“由上往下和由下往上”的因果关系，并把这种决定因素表述为“向下因果关系的重组”。

> 与社会结构相关的力量可能无法简单地阻碍或约束行为，但可能影响并改变个体的基本特征、力量和偏好。当高等级用这种方式影响低等级时，便表现出特殊的“向下因果关系”的实例，可称之为向下因果重组。当出现持久的和普遍的“向下因果重组”的特殊社会结构时，我们可称之为制度。
>
> （霍奇逊，2004：188）

① 作者指出纳尔逊和温特（Nelson and Winter，1982）的演化经济学最终承认其是隶属于旧制度经济学的，哈耶克（1988）和诺斯（1990）的研究也是沿着这个方向进行的（霍奇逊，1998：177）。

第六章

制度主义的统一性与多样性

无论研究多么广泛的经济学问题，都很难忽略制度的重要性和影响力。事实上，从近代经济思想的萌芽开始，大量的思潮和理论都不同程度地认可这一观点。然而，在19世纪末20世纪初和20世纪末21世纪初的两次世纪之交，各种制度在经济中的核心作用涌现，同时促使这些观点理论化。换句话说，这两个时期出现了制度经济学的各个学派。虽然各个学派关注的主要问题相当多样化，但是它们还是有着一致的和共同的关注中心。

一、主要共识

第一个主要共识显然是：既然经济作为社会活动范畴基本上是制度化的，经济学作为一门科学或学科就必须把制度纳入考虑范围并加以研究。经济学必须把制度作为本领域的内生因素，而非外生因素。然而事实上，由于受到新古典范式的影响，把制度作为外生因素的观点在20世纪占据了主导地位，新古典范式抱着让经济学成为一门“硬”科学的雄心，通过采取公理化和形式化的方式，与其他社会学科拉开距离。因此，制度主义学科的成员要不就对新古典传统吹毛求疵，要不就与之保持距离，特别是针对其个人理性计算的假定，以及其所坚持的数学形式化上表现的尤为显著。

该学科第二个主要共识至少与第一个共识的重要性旗鼓相当，这个共识关注的是经济研究中变化的问题。因为制度代表的是永恒变化的世界中一种固定的元素①，但是制度同时易于变化、产生、演化和消亡。采用制度方法不可避免会遇到历史学家面对的经典问题之一：持续性和变迁的关系。更确切地说，这个问题涉及制度和经济进程中时序性变迁的多样性问题，也可称为“变化的差异性。”因此，对“进程”的研究兴趣在以“均衡”这个新古典传统的关键概念为中心的方法中居主导地位，“进程”也被称为积累变化的时序性结果。

另一个制度经济学思潮常提到的特点是“突创论”主题。这一主题明确关注不同等级的现实经济体之间的互动关系，例如，个体、组织、制度和经济或社会整体间的互动关系，其重要的关注点都集中在意外的和有时难以解释的个体或集体行动带来的后果，以及不同组合或集聚的效果，无论这种效果是有益的（如看不见的手）、有害的（反向效应）或利害兼具的。

二、显著的多样性

在本书中，我们已经阐明了不同作者或思潮之间显著的差异，

---

① 作为一个系统或者制度形式的资本主义制度，其历史起源就来自各种连续性的“变迁”。而这一理论最初由马克思和熊彼特创立，至今它们仍然是解释这一制度体系的最深入的论断。

有些差异比较明显，然而这些作者和思潮不免贴着相似的标签或跟随相同的传统。例如，可归属于美国制度主义的凡勃伦和康芒斯的分歧（科内尔，1995），新制度主义的威廉姆森和诺斯的差异，或是法国制度主义的规制学派和惯例学派的差距。这些差异以一种复杂的方式结合，与各种思潮或学派的差异特征一起，构成广义的制度经济学科。虽然我们能看到这些学派的局部和表面出现一些似有似无的和解，例如奥地利传统和新旧制度经济学的关系，但是它们的分歧主要还是存在于教条、方法论和理论方面。

事实上，各种学说传播，无论是经济自由主义还是干预主义或社会主义，都是从代表制度经济学的思想流派中衍生出来的，这点认识相当重要。奥地利学派的特点是带有浓重的原教旨主义的自由主义色彩，另一个极端是波兰尼的社会主义研究、康芒斯探索合理资本主义的积极改良主义以及施切莫勒针对独裁主义的改良主义。总的来说，新制度经济学趋向于一种稳健的自由主义，而极端制度学说更趋向于干预主义或改革资本主义的观点，并对经济自由主义持批判态度。因此，制度主义学科的学说分类和其学派成员构成之间并没有直接的关联[①]。

另一个相似的多样性体现在分析制度问题时采用的方法论。制度经济的多个研究方向经常会引起各种方法论在个人主义问题上的差异化，这种差异化是通过个体行动、整体论或集体主义方法论来解释各种现象，集体主义方法论指的是把集体组织作为个体行动的首要决定因素。这种差异化是可以理解的，因为个体行动和制度之

① 值得注意的是，在以往，新古典学派曾力争呈现出与其他流派相兼容的特征，例如它努力融合了凯恩斯学派的某些观点。因此，单纯只把其归入经济自由主义学派，恐怕考虑得过分简单。

间的相互作用是制度主义方法关注的中心。但现在占主导地位的仍然是偏向个体主义或偏向整体主义的方法论，根据学派和学者的观点产生了这种偏向，而个体主义和整体主义间的调和仍是可望而不可及的。

在各种制度经济学派的发展中，它与新古典理论的差异程度，以及它受到的直接批判，均呈现出极大的不同。在制度主义刚出现的时候，它就首先反对古典主义学派，而后又反对新古典主义学派，正如奥地利传统一开始亲近新古典学派，在20世纪下半叶才逐渐与之疏远。至于新制度经济学，它主导的是反新古典运动，表现为与新古典的内源性差异，甚至有时候与其几近彻底决裂①。

由于制度同时也是社会学、人类学、政治学和历史等学科的研究对象，最终制度经济学更改了其与社会科学之间的传统边界。因此，制度经济学的各种思潮都应该共同朝着多元学科的趋势发展。即便如此，各种思潮的喜好仍然是多样化的，一些经济学家喜欢与社会学联系起来，一些则偏向于联系历史或法律，还有一些与认知科学联系起来。现在，经济学的制度方法还未与已实践或期望的多元学科方法有直接联系。然而，我们仍经常可以发现制度经济学家倾向于解决历史问题或喜爱采用历史性的方法。

三、理论分歧

除了前面提到的分歧，很明显的分歧还应该表现在制度的各种

---

① 然而，这种与新古典的决裂或差异表现得并不显著，因为新古典理论本身的发展范围就很广，其内部发展方向差异也很大，理论边界非常模糊。新古典理论不同发展方向的共同基础仅在于：理性与个体偏好的假设，市场与竞争的概念，均衡的范例，“最优”的概念，使用隐含性规范方法来比较非最优实证情况与一般均衡最优状况。

实质概念、制度的起源、它们的角色（或作用）和它们在特定日期或历史长河中与经济绩效多样性的关系。表 6 – 1 有选择性地概括了某些分歧，这些分类每项都同等重要。

除了表中概括的分歧，还有很多没包括进来的（路德弗，1994）。这些分析关注的重点可能在于制度的形成是“由下而上”自发演化的，或是“由上往下”主动确立的；制度分析可以着眼于现有制度的改革或是保持；激发制度进步可以通过社会主义批判（哈耶克）或是资本主义批判（凡勃伦），也可以采用各种人类行为和心理学方法来进行制度分析。

表 6 – 1　制度经济学理论：典型观点比较研究（摘要）

<table>
<tr><th></th><th>施切莫勒</th><th>凡勃伦</th><th>康芒斯</th><th>门格尔</th><th>哈耶克</th></tr>
<tr><td>制度的性质</td><td>习惯和规则（习俗、道德）</td><td>共享的思想和行为习惯</td><td>集体行动控制个体行动</td><td>展示相对整体的功能性的社会现象</td><td>规则和秩序</td></tr>
<tr><td>制度的范式</td><td>国家</td><td>私有财产；厂商；有闲阶级</td><td>运行中的机构，普通法</td><td>金钱</td><td>金钱，语言，道德，法律（普通法）</td></tr>
<tr><td rowspan="2">分析侧重于非正式和/或正式制度（与制度相关的）组织</td><td>非正式和正式（习俗和法律）</td><td>非正式</td><td>正式</td><td>非正式和正式（有机的和实用主义的）</td><td>非正式（传统）</td></tr>
<tr><td>制度的“机构”：宗族、家庭、协会、公司、企业和国家</td><td>含蓄地暗示：组织即制度</td><td>运行中的机构（组织 = 制度）</td><td>含蓄地暗示：组织即制度</td><td>“人为的”制度（与自发的秩序相反，以不同规则为基础）</td></tr>
</table>

（续上表）

	施切莫勒	凡勃伦	康芒斯	门格尔	哈耶克
演化理论	历史性的阶段	达尔文主义方法论；自然选择制度（+历史性的阶段）	人为选择制度（+历史性的阶段）	创新+模仿，看不见的手	文化演化，由群体选择决定的规则选择
历史和制度经济学	历史学派	直接依赖历史	程式化的历史	方法之争：精确方法对历史方法	悠久的文化历史
	威廉姆森	诺斯	青木	规制学派	霍奇逊
制度的性质	管制或交易模式	博弈规则；正式和非正式约束，执法	与博弈法相关的信仰自运转体系（均衡）	法律化的基本关系；制度化的妥协	构造相互关系的嵌入式社会规则体系
制度的范式	市场，层级	财产	企业	工资劳动关系、国家、金钱	语言
分析侧重于非正式和/或正式制度	正式	非正式和正式	正式	正式	非正式和正式
（与制度相关的）组织	等级（组织=管制模式=制度）	参与人（在规则之内，此规则即制度），组织与制度不同	组织是制度也是参与人	参考诺斯组织和制度的差异	组织即制度
演化理论	最大限度减少交易成本的选择基础	权力在握的群体引入新规则；路径依赖，锁定	重复博弈理论，多重均衡	局势紧张，危机中断了演化过程	通用的达尔文主义（凡勃伦）
历史和制度经济学	参考钱德勒[①]关注大企业	覆盖几个世纪的悠久历史	依赖当代国家、行业或地方模型	年鉴学派；宏观经济学史	思想史；“历史特殊性”问题

① 钱德勒，Chandler，译者注。

四、制度经济学的局限性与它的通用理论

在评价和比较各种制度经济学理论时，经常会遇到一个特殊的难题，当学者把分析的目标定在制定一个通用的制度原理时，不可避免会遇到与他们尝试解决的问题类型相关的特定的局限性问题。这些问题可能会存在于宏观或微观（甚至中观）层面；它们可能具有历史的性质，或相反，具有逻辑的性质；它们可能关注正式或非正式制度；可能更关注组织领域，也可能关注更广泛的范围，等等。研究对象之间的这些差异是自然而然存在的，它们会与之前已经提到的学说、方法论和理论分歧相呼应。然而，当一位学者或一个学派为了解决相对特定的受时间或空间限制的问题，通过扩展和归纳他（或它）已经理解的概念，创建制度经济学的通用理论时，会由于所选择研究的特定主题，造成提出的这个理论存在局限性或片面性。

我们已经看到很多类似的局限性的例子，例如，康芒斯的方法是把 20 世纪初美国经验作为他提出的制度经济学的理论基础，哈耶克提出构造秩序和规则的通用理论，从而驳倒构造主义者提出的伪社会主义（或伪凯恩斯主义），诺斯考察西方国家经济成功的独特性质，或以理解历史和继承福特主义为目的创建规制理论，相似的例子还有很多。然而，必须强调的是，社会科学的任何理论都不可避免地受限于当时的时代、背景及其确切关注的内容。通常来说，著名思想家或学派的研究人员的贡献都源于他们所选择的探索主题和学科，都或多或少受到约束，这些学科本身涉及的问题更加广泛，甚至是普遍性的。这就是为什么各种理论研究的历史和对它们不同的批判和评论仍然是开展任何新理论创造性研究的重要前提。

参考书目（Reference）

1 **Equilibrium Versus Understanding**
Towards the rehumanization of economics within social theory
Mark Addleson

2 **Evolution, Order and Complexity**
Edited by Elias L. Khalil and Kenneth E. Boulding

3 **Interactions in Political Economy**
Malvern after ten years
Edited by Steven Pressman

4 **The End of Economics**
Michael Perelman

5 **Probability in Economics**
Omar F. Hamouda and Robin Rowley

6 **Capital Controversy, Post Keynesian Economics and the History of Economics**
Essays in honour of Geoff Harcourt, volume one
Edited by Philip Arestis, Gabriel Palma and Malcolm Sawyer

7 **Markets, Unemployment and Economic Policy**
Essays in honour of Geoff Harcourt, volume two
Edited by Philip Arestis, Gabriel Palma and Malcolm Sawyer

8 **Social Economy**
The logic of capitalist development
Clark Everling

9 **New Keynesian Economics/**

Post Keynesian Alternatives

Edited by Roy J. Rotheim

10 **The Representative Agent in Macroeconomics**

James E. Hartley

11 **Borderlands of Economics**

Essays in honour of Daniel R. Fusfeld

Edited by Nahid Aslanbeigui and Young Back Choi

12 **Value, Distribution and Capital**

Essays in honour of Pierangelo Garegnani

Edited by Gary Mongiovi and Fabio Petri

13 **The Economics of Science**

Methodology and epistemology as if economics really mattered

James R. Wible

14 **Competitiveness, Localised Learning and Regional Development**

Specialisation and prosperity in small open economies

Peter Maskell, Heikki Eskelinen, Ingjaldur Hannibalsson, Anders Malmberg and Eirik Vatne

15 **Labour Market Theory**

A constructive reassessment

Ben J. Fine

16 **Women and European Employment**

Jill Rubery, Mark Smith, Colette Fagan, Damian Grimshaw

17 **Explorations in Economic Methodology**

From Lakatos to empirical philosophy of science

Roger Backhouse

18 **Subjectivity in Political Economy**

Essays on wanting and choosing

David P. Levine

19 **The Political Economy of Middle East Peace**

The impact of competing trade agendas

Edited by J. W. Wright, Jnr

20 **The Active Consumer**

Novelty and surprise in consumer choice

Edited by Marina Bianchi

21 **Subjectivism and Economic Analysis**

Essays in Memory of Ludwig Lachmann

Edited by Roger Koppl and Gary Mongiovi

22 **Themes in Post-Keynesian Economics**

Essays in honour of Geoff Harcourt, volume three

Edited by Claudio Sardoni and Peter Kriesler

23 **The Dynamics of Technological Knowledge**

Cristiano Antonelli

24 **The Political Economy of Diet, Health and Food Policy**

Ben J. Fine

25 **The End of Finance**

Capital market inflation, financial derivatives and pension fund capitalism

Jan Toporowski

26 **Political Economy and the New Capitalism**

Edited by Jan Toporowski

27 **Growth Theory**

A philosophical perspective

Patricia Northover

28 **The Political Economy of the Small Firm**

Edited by Charlie Dannreuther

29 **Hahn and Economic Methodology**

Edited by Thomas Boylan and Paschal F O' Gorman

30 **Gender, Growth and Trade**

The miracle economies of the postwar years

David Kucera

31 **Normative Political Economy**

Subjective freedom, the market and the state

David Levine

32 **Economist with a Public Purpose**

Essays in honour of John Kenneth Galbraith

Edited by Michael Keaney

33 **Involuntary Unemployment**

The elusive quest for a theory

Michel De Vroey

34 **The Fundamental Institutions ofCapitalism**

Ernesto Screpanti

35 **Transcending Transaction**

The search for self-generating markets

Alan Shipman

36 **Power in Business and the State**

An historical analysis of its concentration

Frank Bealey

37 **Editing Economics**

Essays in honour of Mark Perlman

Hank Lim, Ungsuh K. Park and Geoff Harcourt

38 **Money, Macroeconomics and Keynes**

Essays in honour of Victoria Chick, Volume 1

Philip Arestis, Meghnad Desai and Sheila Dow

39 **Methodology, Microeconomics and Keynes**

Essays in Honour ofVictoria Chick, Volume Two

Philip Arestis, Meghnad Desai and Sheila Dow

40 **Market Drive & Governance**

Reexamining the rules for economic and commercial contest

Ralf Boscheck

41 **The Value of Marx**

Political economy for contemporary capitalism

Alfredo Saad-Filho

42 **Issues in Positive Political Economy**

S. Mansoob Murshed

43 **The Enigma of Globalisation**

A journey to a new stage of capitalism

Robert Went

44 **The Market**

Equilibrium, stability, mythology

S. N. Afriat

45 **The Political Economy of Rule Evasion and Policy Reform**

Jim Leitzel

46 **Unpaid Work and the Economy**

Edited by Antonella Picchio

47 **Distributional Justice**

Theory and measurement

Hilde Bojer

48 **Cognitive Developments in Economics**

Edited by Salvatore Rizzello

49 **Social Foundations of Markets, Money and Credit**

Costas Lapavitsas

50 **Rethinking Capitalist Development**

Essays on the economics of Josef Steindl

Edited by Tracy Mott and Nina Shapiro

51 **An Evolutionary Approach to Social Welfare**

Christian Sartorius

52 **Kalecki's Economics Today**

Edited by Zdzislaw L. Sadowski and Adam Szeworski

53 **Fiscal Policy from Reagan to Blair**

The left veers right

Ravi K. Roy and Arthur T. Denzau

54 **The Cognitive Mechanics of Economic Development and Institutional Change**

Bertin Martens

55 **Individualism and the Social Order**

The social element in liberal thought

Charles R. McCann Jnr

56 **Affirmative Action in the UnitedStates andIndia**

A comparative perspective

Thomas E. Weisskopf

57 **Global Political Economy and the Wealth of Nations**

Performance, institutions, problems and policies

Edited by Phillip Anthony O' Hara

58 **Structural Economics**

Thijs ten Raa

59 **Macroeconomic Theory and Economic Policy**

Essays in honour of Jean-Paul Fitoussi

Edited by K. Vela Velupillai

60 **The Struggle Over Work**

The 'end of work' and employment alternatives in post-industrial societies

Shaun Wilson

61 **The Political Economy of Global Sporting Organisations**

John Forster and Nigel Pope

62 **The Flawed Foundations of General Equilibrium Theory**

Critical essays on economic theory

Frank Ackerman and Alejandro Nadal

63 **Uncertainty in Economic Theory**

Essays in honor of David Schmeidler's 65th birthday

Edited by Itzhak Gilboa

64 **The New Institutional Economics of Corruption**

Edited by Johann Graf Lambsdorff, Markus Taube and Matthias Schramm

65 **The Price Index and its Extension**

A Chapter in Economic Measurement

S. N. Afriat

66 **Reduction, Rationality & Game Theory in Marxian**

Economics
Bruce Philp

67 **Culture and Politics in Economic Development**
Volker Bornschier

68 **Modern Applications of Austrian Thought**
Edited by Jürgen G. Backhaus

69 **Ordinary Choices**
Individuals, Incommensurability, and Democracy
Robert Urquhart

70 **Labour Theory of Value**
Peter C. Dooley

71 **Capitalism**
Victor D. Lippit

72 **Macroeconomic Foundations of Macroeconomics**
Alvaro Cencini

73 **Marx for the 21st Century**
Edited by Hiroshi Uchida

74 **Growth and Development in the Global Political Economy**
Social structures of accumulation and modes of regulation
Phillip Anthony O' Hara

75 **The New Economy and Macroeconomic Stability**
A neo-modern perspective drawing on the complexity approach and Keynesian economics
Teodoro Dario Togati

76 **The Future of Social Security Policy**
Women, work and a citizens basic income
Ailsa McKay

77 **Clinton and Blair**
The Political Economy of the Third Way
Flavio Romano

78 **Marxian Reproduction Schema**
Money and aggregate demand in a capitalist economy
A. B. Trigg

79 **The Core Theory in Economics**
Problems and solutions

Lester G. Telser

80 **Economics, Ethics and the Market**

Introduction and applications

Johan J. Graafland

81 **Social Costs and Public Action in Modern Capitalism**

Essays inspired by Karl William Kapp's theory of social costs

Edited by Wolfram Elsner, Pietro Frigato and Paolo Ramazzotti

82 **Globalization and the Myths of Free Trade**

History, theory and empirical evidence

Edited by Anwar Shaikh

83 **Equilibrium in Economics: Scope and Limits**

Edited by Valeria Mosini

84 **Globalization**

State of the art and perspectives

Edited by Stefan A. Schirm

85 **Neoliberalism**

National and regional experiments with global ideas

Edited byRavi K. Roy, Arthur T. Denzau and Thomas D. Willett

86 **Post-Keynesian Macroeconomics Economics**

Essays in honour of Ingrid Rima

Edited by Mathew Forstater, Gary Mongiovi and Steven Pressman

87 **Consumer Capitalism**

Anastasios S. Korkotsides

88 **Remapping Gender in the New Global Order**

Edited MarjorieGriffin Cohen and Janine Brodie

89 **Hayek and Natural Law**

Eric Angner

90 **Race and Economic Opportunity in the Twenty-first Century**

Edited by Marlene Kim

91 **Renaissance in Behavioural Economics**

Harvey Leibenstein's impact on

contemporary economic analysis
Edited by Roger Frantz

92 **Human Ecology Economics**
A new framework for global sustainability
Edited by Roy E. Allen

93 **Imagining Economics Otherwise**
Encounters with identity/difference
Nitasha Kaul

94 **Reigniting the Labor Movement**
Restoring means to ends in a democratic labor movement
Gerald Friedman

95 **The Spatial Model of Politics**
Norman Schofield

96 **The Economics of American Judaism**
Carmel Ullman Chiswick

97 **Critical Political Economy**
Christian Arnsperger

98 **Culture and Economic Explanation**
Economics in theUS and Japan
Donald W. Katzner

99 **Feminism, Economics and Utopia**
Time travelling through paradigms
Karin Sch · npflug

100 **Risk in International Finance**
Vikash Yadav

101 **Economic Policy and Performance in Industrial Democracies**
Party governments, central banks and the fiscal-monetary policy mix
Takayuki Sakamoto

102 **Advances on Income Inequality and Concentration Measures**
Edited by Gianni Betti and Achille Lemmi

103 **Economic Representations**
Academic and everyday
Edited by David F. Ruccio

104 **Mathematical Economics and the Dynamics of**

Capitalism
Goodwin's legacy continued
Edited by Peter Flaschel and Michael Landesmann

105 **The Keynesian Multiplier**
Edited by Claude Gnos and Louis- Philippe Rochon

106 **Money, Enterprise and Income Distribution**
Towards a macroeconomic theory of capitalism
John Smithin

107 **Fiscal Decentralization and Local Public Finance in Japan**
Nobuki Mochida

108 **The 'Uncertain' Foundations of Post-Keynesian Economics**
Essays in exploration
Stephen P. Dunn

109 **Karl Marx's Grundrisse**
Foundations of the critique of political economy 150 years later
Edited by Marcello Musto

110 **Economics and the Price Index**
S. N. Afriat and Carlo Milana

111 **Sublime Economy**
On the intersection of art and economics
Edited by Jack Amariglio, Joseph W. Childers and E. Cullenberg

112 **Popper, Hayek and the Open Society**
Calvin Hayes

113 **The Political Economy of Work**
David Spencer

114 **Institutional Economics**
Bernard Chavance

参与本书翻译与校对人员：

第一部分：制度经济学学派

翻译：杨亚平　蒋俐俐　温勉

校对：陈立中　周泳宏　朱乃肖

第二部分：本书前言，目录，早期的制度主义

翻译：周泳宏　李红叶

校对：周泳宏　朱乃肖

第三部分：奥地利学派与“秩序自由主义”

翻译：陈立中

校对：周泳宏　朱乃肖

第四部分：新制度经济学

翻译：杨亚平　蒋俐俐　温勉

校对：陈立中　周泳宏　朱乃肖

第五部分：当代欧洲思潮

第六部分：制度主义的统一性与多样性

翻译：李媛媛　陈雯雯

校对：朱乃肖　周泳宏

总译审：朱乃肖　周泳宏

致　谢

感谢为本书出版提供帮助的法国 LA DECOUVERTE. 出版社及版权责任编辑 Mrs. Delphine Ribouchon 和总编辑 Mr. François Gèze。感谢法国驻广州领事馆。感谢暨南大学法学院徐暄教授，感谢暨南大学出版社。同时也非常感谢 Bernard Chavance 教授为读者奉献此书以及参与翻译此书的我的同事们所作出的贡献。

总译审：朱乃肖 周泳宏

Many thanks to LA DECOUVERTE（French Publishing House）and Mrs. Delphine Ribouchon（copy rights manager）and Mr. François Gèze（President of LA DECOUVERTE）, thanks to French Ambassy in Guangzhou, Thanks to professor Xu xuan and thanks to Jinan University Publishing House. Last, but not least, many thanks to professor Bernard Chavance who wrote this excellent book and thanks to my working team who made great contribution in translation of this book.

Professor Zhu naixiao, Zhou yonghong

图书在版编目（CIP）数据

制度经济学/［法］贝尔纳·夏旺斯著；朱乃肖，周泳宏译．—广州：暨南大学出版社，2013．3
ISBN 978－7－5668－0386－3

Ⅰ．①制…　Ⅱ．①夏…②朱…③周…　Ⅲ．①制度经济学
Ⅳ．①F091．349

中国版本图书馆 CIP 数据核字（2012）第 254262 号

出版发行：暨南大学出版社

地　址：中国广州暨南大学
电　话：总编室（8620）85221601
　　　　营销部（8620）85225284　85228291　85228292（邮购）
传　真：（8620）85221583（办公室）　85223774（营销部）
邮　编：510630
网　址：http：//www．jnupress．com　http：//press．jnu．edu．cn

排　版：广州市天河星辰文化发展部照排中心
印　刷：佛山市浩文彩色印刷有限公司

开　本：787mm×960mm　1/16
印　张：8
字　数：87 千
版　次：2013 年 3 月第 1 版
印　次：2013 年 3 月第 1 次

定　价：25．00 元